LO ESENCIAL DE
HABLAR EN
PÚBLICO

Domina Estrategias Poderosas Para **Conquistar El Escenario, Hablar Con Confianza** y Dar **El Discurso Que Todos Recordarán,** Aunque Tengas Miedo y Ansiedad

PROFESSIONAL SKZ PUBLISHING

CONTENIDO

PASO #9: ¡ENSAYA, ENSAYA, ENSAYA!
COMPARTE EL MENSAJE

Bono Gratuito (En Inglés)

Aprovecha esta oportunidad única para guiarte y motivarte aún más en tu viaje hacia hablar en público. Estamos emocionados de presentarte una colección especialmente seleccionada de materiales, cada uno diseñado para mejorar y amplificar tu destreza oratoria.Embárcate en esta experiencia de aprendizaje que te capacitará para elevar verdaderamente tus habilidades de hablar en público.

¡Haz clic en el enlace o escanea el código QR ahora para reclamar tus bonos!

ProfessionalSkillsPublishing.com

Bono #1: Discursos Poderosos para Modelar

Analiza el arte de 12 de los discursos más icónicos pronunciados por los oradores más influyentes del mundo. Estas obras maestras, disponibles en YouTube, son una mina de oro de técnicas y estilos para emular y aprender.

Bono #2: Entiende a Tu Audiencia

Nuestros 3 prompts especialmente diseñados con ChatGPT, te ayudarán a mejorar la interacción de la audiencia y a ahorrar tiempo en tu investigación, enriqueciendo en última instancia tu discurso.

Bono #3: ¡Captura su Atención!

Consulta nuestra lista revisada de 48 temas de discurso, cada uno con 3 subtemas, diseñados para desarrollar tu creatividad, impulsarte y asegurar que tu pasión y los intereses de la audiencia estén alineados.

Bono #4: Mapas de Discursos

También recibirás 13 esquemas detallados para estructurar tus presentaciones a la perfección, ya sea un discurso principal, un brindis de boda o pedir un aumento de sueldo, asegurando que tu audiencia permanezca cautivada de principio a fin.

Bono #5: ¡CAPÍTULOS EXTRA!

Además, como un bono especial, profundiza en el arte de la persuasión y la participación con 2 capítulos adicionales exclusivos, agregando capas de profundidad y conocimiento a tu repertorio de oratoria.

- **Narración de Historias: Tu Arma Secreta**

- **El Escenario Digital: Una Nueva Era**

No dejes pasar esta oportunidad. Haz clic en el enlace o escanea el código QR ahora para reclamar tus bonos y continuar tu camino para convertirte en un orador inolvidable.

ProfessionalSkillsPublishing.com

Introducción

I magina subir a un escenario y sentir una oleada de emoción en lugar de una ola de ansiedad. De pie frente a la multitud, imagina sentirte como en casa, con los hombros libres de tensión, seguro y relajado. Visualízate entregando tu discurso con tal convicción que la audiencia sigue cada una de tus palabras. A lo largo de tu discurso, emanas una confianza en ti mismo inquebrantable y una audacia que cautiva a tu audiencia con tu voz apasionada y auténtica, que habla directamente a sus corazones. Al terminar tu discurso, el público te inunda con un fuerte aplauso. ¿Quién no lo haría? ¡Fuiste simplemente increíble!

Esta es la visión de hablar en público que te mereces, incluso si no es la que tienes ahora. ¿Sabías que el 75% de las personas tiene miedo a hablar en público (Souers, 2022)? De hecho, es un temor universal que nos ha atormentado a muchos de nosotros en algún momento de nuestras vidas. Esa oleada de ansiedad, el latido acelerado del corazón, la boca seca... todos lo conocemos demasiado bien. Sin embargo, ¿sabías que este miedo puede frenarte de más formas de las que imaginas? Por ejemplo, el miedo a hablar en público puede reducir tus posibilidades de obtener una promoción en un asombroso 15% (Zauderer, 2023). No te equivoques: es un obstáculo entre tú y las oportunidades que aspiras.

Sin embargo, aquí está el secreto: el 90% de la ansiedad al hablar en público proviene de una preparación insuficiente (Zauderer, 2023). El miedo a hablar en público, a menudo conocido como *glosofobia*, es mucho más superable de lo que podrías haber imaginado. Los nervios que surgen al estar frente a una audiencia son un desafío que muchos comparten, y ahora es el momento de enfrentarlos. No permitas que el miedo a hablar en público sabotee tu próximo avance profesional, tu brindis de boda o tu presentación de esa startup revolucionaria.

Mira, sé que decirlo es más fácil que hacerlo. Las mariposas en tu estómago parecen casi incontrolables, y la idea de pararte frente a una multitud expectante se siente como una hazaña insuperable. Sin embargo, aquí tienes un secreto: un secreto que ha dado forma al arte de la persuasión, la comunicación y el compromiso con la audiencia durante siglos: *Aristóteles.*

En las páginas siguientes, descubrirás la sabiduría del famoso filósofo griego que ha impactado profundamente el mundo del hablar en público y la comunicación. Los cinco secretos retóricos de Aristóteles son las claves para desbloquear tu potencial como un orador cautivador. Estos incluyen lo siguiente:

- **Entender a tu audiencia:** Adapta tu mensaje para que resuene con tus oyentes.

- **Ethos, pathos, logos:** Domina el equilibrio entre credibilidad, emoción y lógica.

- **Estructura y organización:** Diseña tu discurso para lograr el máximo impacto y coherencia.

- **Lenguaje y estilo:** Elige tus palabras y el método de entrega con precisión.

- **Entrega y presencia:** Domina el escenario con confianza y carisma.

COMPARTIENDO TUS LUCHAS

Experimentar la parálisis al hablar en público no necesita explicación. Quedarse en blanco cuando te enfrentan con una pregunta difícil de un inversionista potencial o de tu jefe, es algo común cuando el miedo se apodera de ti. ¿Y quién no ha sentido que las rodillas se debilitan al estar frente a una sala, a punto de dar un emotivo brindis de boda?

Lo entiendo, de verdad. Sé lo que te llevó a tomar este libro. No se trata solo del título, sino del deseo de enfrentar la ansiedad social, conquistar el miedo a hablar en público y finalmente superar el pánico escénico. Estás en un punto crítico de tu vida, donde te esperan infinitas posibilidades. ¿Y sabes qué? Conseguir esa promoción, persuadir a los inversionistas para que respalden tu startup o dejar una marca imborrable con tu próximo brindis, están a tu alcance una vez que domines los pasos.

En los próximos capítulos, encontrarás atajos hacia el éxito que transformarán tus habilidades para hablar en público.
Este libro está fundamentado en la profunda influencia del marco retórico de Aristóteles en el arte de hablar. Así que pronto verás cómo estas técnicas ancestrales siguen siendo tan relevantes hoy como lo fueron hace siglos.

Imagina entrar a cualquier sala y capturar la atención de todos sin esfuerzo. Visualiza convencer a colegas, estudiantes, inversionistas, jefes e incluso a tu familia y amigos, con tus palabras. Imagina una vida donde tienes las herramientas para preparar cualquier discurso, cautivar a cualquier audiencia y dejar una impresión duradera que resuene.

No voy a pretender que conquistar tu miedo a hablar en público es un viaje de una noche. Sin embargo, armado con los cinco secretos de Aristóteles y una gran cantidad de ejercicios prácticos, confía en mí: avanzarás de manera constante y significativa. La meta es un lugar de confianza y dominio, un lugar donde puedes decir lo que piensas sin dudarlo y mantenerte firme en cualquier situación.

Entonces, ¿estás listo para dar ese salto? ¿Para transformarte de un orador titubeante a un maestro de la oratoria? Bueno, traga ese nudo en la garganta por última vez, y embarquémonos en el camino hacia una oratoria dinámica y segura. Tu viaje comienza con el primer paso hacia la maestría—justo aquí, en las páginas siguientes.

1
EL ARTE Y PODER DE HABLAR EN PÚBLICO

A medida que te adentras en el mundo de hablar en público, su importancia se vuelve sorprendentemente evidente. El arte de dirigirse a una audiencia no se limita solo a grandes escenarios; su influencia se extiende al tejido de nuestras vidas—ya sea dentro del ámbito laboral, en la intimidad de nuestros hogares o en la camaradería de nuestras amistades. Con eso en mente, nuestro primer capítulo está dedicado a desentrañar el enigma que es hablar en público—por qué tiene un poder tan inmenso y cómo puede moldear nuestros destinos, tanto de manera positiva como negativa. El viaje que tienes por delante tiene como objetivo romper las cadenas del miedo que a menudo nos atan, impidiéndonos aprovechar el potencial que esta habilidad ofrece.

LA FILOSOFÍA DE HABLAR EN PÚBLICO

Quiero que imagines los primeros días de la oratoria, donde una figura se destacó con un poder y carisma incomparables, dejando una marca imborrable en la historia. Bueno, esa figura no fue otra que el legendario filósofo griego Aristóteles. Además, sus ideas continúan resonando a lo largo de la filosofía occidental, la ciencia, la retórica y la ética humana, moldeando la forma en que nos comunicamos e influenciamos a los demás.

Aristóteles, un pensador visionario, creía en tres factores fundamentales que preparan el escenario para convertirse en un líder de opinión influyente. En primer lugar, enfatizaba que un discurso exitoso debe girar por completo en torno a la audiencia, no al orador. Este concepto resalta la importancia de entender las necesidades, deseos e inquietudes de tu audiencia para lograr una interacción efectiva.

El segundo factor clave que Aristóteles defendía, era tratar temas que generen "felicidad" en la audiencia. De hecho, al adaptar tu contenido para que resuene con los intereses y emociones de los oyentes, creas una conexión poderosa que los mantiene comprometidos y receptivos.

Por último, Aristóteles abogaba por hablar en el lenguaje de la audiencia. Esto significa usar selectivamente el lenguaje adecuado, así como también utilizar expresiones y referencias que tu audiencia entienda y con las que se pueda identificar fácilmente. Al hacerlo, construyes un puente entre tú y tu audiencia, fomentando un nivel más profundo de conexión.

Sin embargo, el genio de Aristóteles no terminó allí. Introdujo un poderoso marco de persuasión conocido como *ethos, logos y pathos.* Este marco constituye la base de la comunicación efectiva, permitiendo a los oradores crear argumentos convincentes que resuenen en múltiples niveles con su audiencia. La retórica, el arte de la persuasión, se basa en los conocimientos de Aristóteles. Este marco sigue modelando nuestra comunicación diaria en varios contextos. Ya sea que estés dando una presentación de negocios, un discurso motivacional o incluso participando en una conversación casual, los principios de la retórica juegan un papel en cómo transmites tus ideas e influyes en los demás.

Ahora, descubramos los cinco "secretos" del marco de persuasión de Aristóteles, conocidos colectivamente como: **"Los cinco cánones de la retórica"** (Mind Tools, n.d.):

1. **Invención:** Se refiere al proceso de reunir y desarrollar ideas para tu discurso. Implica considerar cuidadosamente las necesidades e intereses de tu audiencia, así como seleccionar los argumentos más

persuasivos.

2. **Disposición:** Organizar tu discurso de manera lógica y atractiva es crucial. Por ello, Aristóteles aconsejaba estructurar el discurso con una introducción clara, los puntos principales y una conclusión convincente.

3. **Estilo:** Cómo presentas tu mensaje importa. Utilizar un lenguaje que resuene con tu audiencia, emplear imágenes vívidas y mantener un tono apropiado contribuyen a la efectividad de tu discurso.

4. **Memoria:** Aunque esto puede parecer anticuado en nuestra era digital, la memoria era esencial para los oradores de la antigüedad. Memorizar los puntos clave les permitía interactuar de manera más efectiva con la audiencia, mejorando el impacto de su mensaje.

5. **Entrega:** La manera en que entregas tu discurso influye enormemente en su impacto. Tu tono, gestos, contacto visual y presencia en general, contribuyen en cómo tu audiencia recibe el mensaje.

Las ideas de Aristóteles sobre hablar en público y la persuasión siguen siendo atemporales, ofreciendo un tesoro de sabiduría para los oradores modernos. Así que, ya sea que estés levantando un brindis en una celebración o dando un discurso decisivo que exige acción, recuerda los principios de Aristóteles y el poder duradero de una comunicación efectiva.

ORADORES QUE CAMBIARON EL MUNDO

Hablar en público sigue siendo una habilidad vital en los tiempos modernos, conectando el pasado con el presente. De hecho, ha permanecido como una herramienta poderosa para transmitir ideas, motivar acciones y moldear la opinión pública en muchos ámbitos de la vida pública actual. El arte de la comunicación persuasiva ha sido utilizado por numerosos oradores famosos para influir y cautivar a las audiencias. Veamos algunos ejemplos de figuras renombradas que han utilizado esta habilidad de manera efectiva (Whitworth, 2023):

- **Ronald Reagan:** El 40º Presidente de los Estados Unidos, Ronald Reagan, fue conocido por sus elocuentes discursos que resonaban con numerosos estadounidenses. Su estilo de comunicación combinaba calidez, optimismo y una visión clara para el futuro. Reagan tenía la habilidad de convertir ideas complejas en discursos entendibles para una audiencia amplia y diversa, fomentando un sentido de unidad y propósito compartido.

- **Barack Obama:** Como el primer presidente afroamericano de los Estados Unidos, Barack Obama fue un orador público cautivador. En su discurso de victoria *"Yes We Can,"* su uso de la anáfora en la frase *"Yes we can"*, creó un impulso similar a un cántico que transformó el discurso en un llamado colectivo a la acción, personificando esperanza y cambio.

- **Martin Luther King Jr.:** Una figura clave en el Movimiento por los Derechos Civiles en Estados Unidos, el Dr. Martin Luther King Jr. empleó el poder de las palabras para inspirar cambios y abogar por la igualdad. Su icónico discurso *"I Have a Dream"* sigue siendo un ejemplo claro de cómo un discurso bien elaborado puede encender la transformación social, dejando una marca imborrable en la historia.

- **J.K. Rowling:** En su discurso de graduación en Harvard en 2008, la aclamada autora de la serie Harry Potter, cautivó a su audiencia con una combinación magistral de humor, vulnerabilidad personal y reflexiones profundas. La capacidad de Rowling para conectar con su audiencia y transmitir su mensaje de una manera relatable y atractiva, la ha convertido en una de las escritoras más influyentes y queridas de nuestro tiempo.

Hoy en día, hablar en público va más allá de los escenarios físicos para abarcar plataformas virtuales y medios digitales. Las redes sociales, los podcasts, los seminarios web y las plataformas de video en línea, permiten a las personas compartir sus pensamientos e ideas con una audiencia global. Además, en el mundo actual, hablar en público no solo implica dar discursos ante grandes audiencias, sino también interactuar con distintas comunidades sobre diversos temas. Ya sea dando charlas TED, participando en paneles de discusión o creando contenido informativo en línea, los oradores públicos influyentes aún pueden cambiar opiniones, aumentar la conciencia y promover acciones.

Hablar en público hoy en día requiere adaptarse a nuevos medios. Además, también implica comprender las dinámicas de la comunicación virtual y adecuar los mensajes para audiencias específicas. Sin embargo, la capacidad de captar la atención rápidamente, transmitir mensajes de manera concisa y evocar emociones, sigue siendo esencial. En un mundo saturado de información, los oradores que puedan ofrecer presentaciones auténticas, relevantes y con impacto, están destinados a destacar.

Con todo esto dicho, está claro que los oradores públicos exitosos de hoy, han conectado el arte de la retórica del pasado, con los avances tecnológicos del presente. Aunque seguramente muchos de estos oradores vienen a la mente, debe decirse que oradores influyentes como Reagan, Obama, Rowling y King, han dejado un legado crucial a medida que hemos entrado en nuestra era digital moderna, inspirando a las generaciones actuales y futuras a comunicarse de manera efectiva y a hacer un impacto significativo en la sociedad.

¿POR QUÉ DESARROLLAR LA HABILIDAD DE HABLAR EN PÚBLICO?

En una era caracterizada por rápidos avances tecnológicos y medios de comunicación en constante cambio, no puedo enfatizar lo suficiente que el arte de hablar en público sigue siendo un pilar fundamental del éxito. Dicho esto, exploremos cómo hablar en público puede empoderar a las personas y transformar vidas:

- **Avance profesional:** Las habilidades para hablar en público son un activo muy codiciado en el ámbito profesional. La capacidad de transmitir ideas con confianza, influir en los demás y liderar discusiones, puede diferenciarte y hacer avanzar tu carrera.

- **Compartir ideas:** Hablar en público ofrece una plataforma para compartir tus pensamientos, innovaciones e ideas, con una audiencia más amplia. Como tal, es un catalizador para la difusión del conocimiento, generando inspiración y promoviendo cambios positivos.

- **Aumentar la confianza:** Pararse frente a una audiencia y entregar un mensaje convincente, refuerza la seguridad en uno mismo y la autoestima. Superar el miedo a hablar en público también puede traducirse en una nueva confianza en diversas situaciones de la vida.

- **Fortalecer el pensamiento crítico:** Elaborar y entregar discursos requiere un análisis profundo y la organización de tus pensamientos. Hablar en público cultiva el arte de estructurar argumentos y transmitir ideas complejas con claridad.

- **Ejercitar el razonamiento deductivo:** Hablar en público implica anticipar las reacciones de la audiencia y adaptar tu mensaje en consecuencia. Este proceso afina tus habilidades de razonamiento deductivo y mejora tu capacidad de conectar con audiencias diversas.

- **Expandir redes y mejorar el liderazgo:** Participar en la oratoria te expone a personas y oportunidades diversas. Cultiva habilidades de liderazgo a medida que desarrollas conversaciones, inspiras cambios e influyes en grupos.

- **Informar y persuadir:** Los oradores efectivos tienen el poder de informar, educar e incluso persuadir a las audiencias para que adopten nuevos puntos de vista. Esta habilidad es crucial para impulsar cambios sociales, políticos y empresariales.

- **Fomentar cambios en la audiencia:** Los discursos convincentes pueden inspirar a las audiencias a reconsiderar sus creencias y comportamientos, promoviendo transformaciones positivas tanto a nivel personal como social.

- **Impulsar el desarrollo personal:** Hablar en público te desafía a refinar continuamente tu estilo de comunicación, adaptarte a diferentes audiencias y perfeccionar tu mensaje. Este crecimiento se extiende más allá del escenario y enriquece tu camino personal.

- **Mejorar la comunicación interpersonal:** Las habilidades adquiridas al hablar en público—como la escucha activa, la empatía y la adaptabilidad—mejoran enormemente tus conversaciones cotidianas, llevando a relaciones más fuertes y una mejor comprensión.

- **Construir conexiones:** Las oportunidades de hablar en público ofrecen la posibilidad de conectar con personas afines, mentores y colaboradores. Estas conexiones pueden impulsar tu carrera, creatividad y crecimiento personal.

- **Crear recuerdos duraderos:** Los momentos en que das un brindis de boda cautivador, compartes una idea inolvidable en el trabajo o inicias discusiones que invitan a la reflexión, se convierten en recuerdos que resuenan contigo y con tu audiencia.

En un mundo saturado de información, hablar en público sigue siendo una herramienta poderosa para cautivar corazones, estimular mentes e inspirar cambios. Por ello, te animo a abrazar el desafío con entusiasmo, ya que dominar este arte puede abrirte muchas puertas, enriquecer tu crecimiento personal y dejar una profunda impresión en los corazones y mentes de aquellos afortunados que escuchen tus palabras. Así que, ¡sube a ese escenario con fervor, expresa tus ideas con pasión y observa cómo el mundo se transforma ante tus propios ojos!

SUPERANDO LA GLOSOFOBIA

La glosofobia (glä-sō-ˈfō-bē-ə), el miedo a hablar en público, es ese obstáculo que debemos superar para realmente brillar en el escenario o frente a una audiencia. Así que, desglosémoslo para familiarizarnos con él y aprender a superarlo.

La glosofobia es más que un trabalenguas difícil de pronunciar. Es uno de los tres principales tipos de fobia social, que puede poner un freno a nuestras aspiraciones de convertirnos en oradores seguros. Los síntomas típicos de la glosofobia pueden variar desde palmas sudorosas y un corazón acelerado, hasta una voz temblorosa y esa persistente sensación de "pánico escénico" que puede arruinar tu presentación (Syed, n.d.).

¿Qué hay detrás de este miedo? ¿Por qué la glosofobia aparece cuando nos enfrentamos a hablar en público? Bueno, para decirlo sin rodeos, las causas pueden ser diversas. Quizás sea el miedo al juicio o la preocupación de tropezar con nuestras palabras y parecer ridículos ante los demás. También podría derivar de experiencias negativas pasadas que han dejado una huella persistente en nuestra confianza. La anticipación de una posible vergüenza puede ser una fuerza muy poderosa, sin duda. ¿Y adivina qué? Este miedo está tan arraigado, que se revela en lo más profundo de nuestra identidad cuando se nos diagnostica. Puedes imaginarlo como un espejo que refleja tus miedos e inseguridades más ocultos.

¡Pero hay una salida de este laberinto intimidante! La terapia es un salvavidas para aquellos que se ven atrapados por una glosofobia debilitante. Es una opción que debe considerarse seriamente, y complementa el viaje que estás emprendiendo al tomar este libro. Sin embargo, ¡la terapia de exposición es donde realmente sucede la magia!. No puedes vencer un miedo si lo evitas como a la peste. Ahí es donde entran en juego los próximos capítulos. Así que prepárate para abrazar el progreso y dejar esos miedos de lado porque, a partir de ahora, todo se trata de enfrentar las situaciones estresantes. Así es: vamos a pulverizar esa ansiedad y liberarnos de su control. ¿Y cuál es el secreto? La preparación y la práctica. Estas son tus herramientas clave para conquistar el escenario y cautivar a tu audiencia.

¿Por qué pasar por todo este esfuerzo? Porque hablar en público no se trata solo de dirigirse a una multitud; es una puerta de entrada al liderazgo, al crecimiento profesional, a presentaciones exitosas, a construir tu marca personal, e incluso, a dar un emotivo brindis de boda. Sin embargo, *¡hay* *una advertencia!* No puedes acceder a estas emocionantes oportunidades hasta que rompas las cadenas de la ansiedad social que te retienen.

Y aquí hay algo revelador: No puedes simplemente "aplastar" la glosofobia como cualquier otra fobia. ¿Por qué? Porque no es una fobia específica; es una fobia social. Así que, para vencerla, debes enfrentar directamente la bestia subyacente de la ansiedad social. Solo entonces podrás realmente liberar tu capacidad de hablar con confianza y conectar con tu audiencia.

Aunque el camino para superar tus miedos pueda parecer una montaña empinada por escalar, recuerda que la vista desde la cima vale cada paso. Abraza la exposición, domina la preparación, practica un poco, y te transformarás en un orador carismático listo para conquistar cualquier escenario en poco tiempo.

ELEMENTO INTERACTIVO: HOJA DE TRABAJO PARA EXPLORAR TUS MIEDOS

Instrucciones

Tómate un momento para reflexionar sobre tus miedos y ansiedades. Luego, usa esta hoja de trabajo para identificar y registrar qué desencadena tus miedos, cómo te hacen sentir y dónde percibes incomodidad en tu cuerpo. Este ejercicio puede ayudarte a obtener una comprensión más profunda de tus temores y dar el primer paso hacia desarmarlos.

- **Desencadenante del miedo:** Escribe una situación específica, evento o pensamiento que desencadene tu miedo o ansiedad. Puede estar relacionado con algo que estás persiguiendo o un desafío al que te enfrentas.

- **Cómo te hace sentir:** Explica las emociones y sensaciones que experimentas al pensar en este desencadenante de miedo, o al enfrentarlo. Sé honesto y específico acerca de tu respuesta emocional.

- **Incomodidad física:** Indica en qué parte de tu cuerpo sientes incomodidad o tensión cuando te enfrentas a este desencadenante de miedo. Puede ser una opresión en el pecho, un nudo en el estómago, un corazón acelerado, etc.

- **Posible causa raíz:** Considera si existe una razón más profunda o una experiencia pasada que pueda estar contribuyendo a este miedo. Reflexiona si es posible que algún evento o creencia pasada, haya influido en tu reacción actual.

- **Relevancia para tus metas:** Piensa en cómo este miedo está conectado con lo que estás buscando o persiguiendo, como se menciona en el libro. ¿Tiene este miedo alguna influencia en tu progreso o acciones?

- **Reformulación positiva:** Desafía el temor pensando en una perspectiva positiva o empoderadora relacionada con el desencadenante del miedo. ¿Cómo podrías ver esta situación de manera diferente para reducir la ansiedad?

- **Pasos a seguir:** Haz una lista de uno o más pasos accionables que puedas tomar para enfrentar o manejar este miedo. Podrían ser pequeños pasos que te ayuden gradualmente a desarrollar confianza y superalo.

Conclusión

Al completar esta hoja de trabajo, has dado un paso esencial hacia la comprensión y desarme de tus miedos. Recuerda que al reconocerlos y abordarlos, demuestras fuerza y crecimiento. Por lo tanto, deberías usar los conocimientos que has obtenido para avanzar en tu camino de autodescubrimiento y desarrollo personal.

Cada pensamiento, miedo y experiencia que has tenido, ha dejado una huella en tu mente. Sin embargo, el punto es que no tendrás mucho éxito utilizando el marco de Aristóteles o la inspiración de los poderosos discursos de Martin Luther King Jr., si no logras vencer tu miedo primero. Así que, enfoquémonos en convertir la ansiedad social en algo en lo que puedas trabajar en los siguientes pasos.

2

HABLA FUERTE: CONQUISTANDO
LA GLOSOFOBIA

Hablar con confianza y seguridad frente a una audiencia, no es algo que le salga de manera natural a muchas personas. De hecho, si te sientes aplastado bajo el peso de la ansiedad social, y como resultado, eres incapaz de hablar en público debido a su angustiosa presencia, déjame asegurarte que definitivamente no estás solo. Casi el 90% de aquellos que sufren de ansiedad social, también encuentran que las palabras se les quedan atrapadas en la garganta cuando están frente al público, mientras una burbuja de pánico sube por su estómago al enfrentarse a un simple discurso (31 Fear of Public Speaking Statistics (Prevalence), n.d.). No te mentiré; superar el miedo a hablar en público no es fácil. A medida que avanzamos en el Capítulo 2, no estarás dominando el genio inherente de Aristóteles todavía, pero lo que sí harás es aprender algunos secretos fundamentales para vencer tu miedo. ¿Te suena bien?

ANSIEDAD SOCIAL

El miedo persistente que te impide dar ese brindis o discurso perfecto, e incluso simplemente compartir tus ideas en un pequeño grupo de trabajo, es un miedo compartido por millones. ¿Qué se puede hacer para empezar a superar este miedo inmenso?

Quizás te preguntes si puedes borrar completamente tu fobia social, eliminándola por completo de tu vida. La mala noticia es que no hay una goma de borrar que elimine de manera sucinta la fobia social de tu vida. Sin embargo, puedes tomar medidas para reducir ese miedo, transformándolo de una enorme bestia, a una pequeña molestia.

"¿Cómo puedo hacer eso?", te oigo preguntar.

Bueno, lo primero que debes considerar es que la fobia social no es exactamente un miedo específico. ¿Qué quiero decir con eso? Simplemente, me refiero a que la fobia social es una forma amplia de ansiedad, en lugar de un miedo a algo específico en sí mismo. No necesariamente temes a la multitud o hablar; es el concepto de "hablar en público" lo que provoca la ansiedad. ¿Me explico?

Para hacerlo más sencillo, pensemos en alguien que sí tiene un miedo específico, como la aracnofobia. Este es otro miedo común en nuestra sociedad, y típicamente involucra un miedo específico: las arañas. Entonces, alguien con esta fobia podría tener miedo a las picaduras de araña o a la sensación de una araña arrastrándose por su piel, por ejemplo. Sin embargo, cuando se trata de hablar en público, no hay un miedo específico presente; el simple concepto de "hablar en público" en sí es una situación que genera ansiedad.

Teniendo eso en mente, ¿cómo nos ayuda esto a conquistar el miedo? En cierto sentido, poder ver la glosofobia y la fobia social a través de este lente particular, es útil porque contribuye con un poco de pensamiento racional acerca de la combinación de ambas. La ansiedad es, por naturaleza, una experiencia irracional, pero al reconocerla como tal, la situación cambia. Una vez que reconoces este punto de vista sobre el miedo a hablar en público, puedes comenzar a aplastar este temor de una vez por todas.

Muy bien, ahora que hemos aclarado eso, me gustaría tomarme un momento para desglosar la superación de la fobia social, en pasos que pueden marcar la diferencia. Después de todo, solo a través de organizarte, seguir un esquema y practicarlo incansablemente, es como puedes realmente despedirte de este miedo de una vez por todas. Ahora, echa un vistazo a este proceso de tres pasos más cohesivo:

1. **Entiende de qué estás hablando.** Antes de emprender el camino de hablar en público, asegúrate de saber de qué estás hablando. Cuanto más te importe un tema, menos probable será que te confundas o equivoques.

2. **Formula un esquema para tu discurso.** No tienes que planificar tu discurso meticulosamente palabra por palabra; de hecho, algunos de los mejores discursos dependen en gran medida de la improvisación. Sin embargo, es esencial tener un esquema general para tu discurso, uno que siga un orden cómodo y coherente.

3. **Practica, practica, practica.** Una vez que conozcas tu tema y tengas una idea aproximada de lo que vas a decir, practica ese discurso incansablemente. Practica frente a una audiencia imaginaria y entrega tu corazón y alma como si estuvieras dando el discurso real. Así, cuando llegue el momento del discurso, no te equivocarás.

Ahora, esto podría sonar demasiado bueno para ser verdad, como si estuvieras viendo algo tan simple que no puede funcionar. Si esto es lo que sientes en este momento, te animo a que le des una oportunidad a estos métodos y observes los resultados de manera orgánica. Esos tres pasos se convertirán, con el tiempo, en tus compañeros más preciados en el ámbito de hablar en público.

En medio de tu aventura de hablar en público, sé que la tentación de enfocarte en la audiencia te dominará. No podrás evitar pensar en sus ojos mirándote, en las percepciones que pasan por sus cabezas, y peor aún, en lo que sucederá si tu discurso resulta completamente irrelevante para el público. Superar este aspecto de la fobia social es tan simple como entrenar tu mente para pensar en el discurso y no en la audiencia, al menos al principio.

¿Por qué exactamente funciona esto? Bueno, piensa en la última vez que presenciaste un excelente discurso. Piensa en cómo tu cerebro se aferró a la nueva información que te lanzaban, dejándote mentalmente al borde de tu asiento, anticipando lo que venía. Apuesto a que no notaste las palabras en las que el orador se tropezó, ni lo viste secarse las manos sudorosas y temblorosas en los costados de sus pantalones mientras hablaba. Esto es porque la mente está entrenada para enfocarse en la nueva información.

Mientras estás exponiendo frente a una audiencia, sus mentes harán lo mismo, es decir, estarán enfocadas en el tema, no en ti. La nueva información se convierte en el punto focal del discurso, no tus nervios ni tus acciones ansiosas, e incluso, en algunos casos, ni siquiera la presentación de dicha información. Así que, aunque un discurso cautivador y convincente atrapará a la audiencia, también es cierto que tus nervios pasarán en gran medida desapercibidos. Esto significa que realmente no tienes que preocuparte de si la audiencia puede notar lo ansioso que estás—generalmente no pueden.

El miedo es el subproducto de una reacción bioquímica. En caricaturas y otros programas de televisión, las audiencias siempre parecen estar lanzando tomates podridos a un orador que se atreve a desperdiciar su tiempo con algo mediocre. Obviamente, esto no sucede en la vida real; no se lanzan tomates, y apenas se emiten juicios. Entonces, ¿de dónde proviene realmente este miedo?

El miedo, como resulta ser, es una respuesta natural dentro de nuestros cerebros que se origina en un mecanismo de supervivencia. Evitamos las acciones que nos asustan para prevenir el daño, y sin embargo, casi nadie ha sido dañado por simplemente dar un discurso. Mientras te enfrentas a tu fobia social, podrías preguntarte cuál es la causa de este miedo y por qué lo tienes en primer lugar. La respuesta es simple: probablemente *no* haya una razón. A veces, las fobias sociales no son más que una reacción de defensa o escapatoria que nos hacen sentir ansiosos. Por lo tanto, no siempre hay una razón clara detrás de tu fobia.

Al mismo tiempo, podrías tener preocupaciones o dudas específicas rondando dentro de tu cabeza. ¿Sabías que puedes desafiar y conquistar pensamientos, miedos y escenarios específicos que podrían asustarte y alejarte de dar el discurso perfecto? *¡En serio—es posible!*

DESAFIANDO LOS PENSAMIENTOS Y PREOCUPACIONES NEGATIVAS

Para algunas personas, la fobia social se manifiesta en forma de un corazón acelerado, una fina capa de sudor en la frente y una ansiedad burbujeante que no tiene pensamientos o preocupaciones correlativas. La ansiedad simplemente... *existe.* Pero para otros, su glosofobia se manifiesta como una corriente de pensamientos y preocupaciones específicas, consideraciones detalladas de *"qué pasaría si"* o qué podría salir mal. Esta sección ofrece consejos para quienes luchan con preocupaciones y pensamientos excesivos, ayudándoles a mantenerlos a raya.

Ahora, existe un término para el tipo de pensamiento que genera tus preocupaciones. Se llaman **distorsión cognitiva.** Una distorsión cognitiva es un pensamiento o creencia irracional que se centra en cómo percibes el mundo o a ti mismo. Si alguna vez has pensado, por ejemplo, que eras un fracaso porque no cumpliste una meta, entonces eso es un ejemplo de una distorsión cognitiva improductiva que te frena.

Las distorsiones cognitivas, aunque no lo creas, están directamente relacionadas con el miedo a hablar en público. Entretejidas en tus pensamientos están estas creencias distorsionadas, dudas y percepciones, que influyen negativamente en tu capacidad para hablar en público. Y más allá de simplemente impedirte hacer un brindis en una boda o presentar una nueva idea en el trabajo, las distorsiones cognitivas pueden ser inmensamente perjudiciales para tu bienestar mental y físico. Por ejemplo, quienes sufren de distorsiones cognitivas, tienen más probabilidades de experimentar aislamiento y baja autoestima, lo que dificulta la socialización y provoca enfermedades mentales (Rice, 2021).

En el capítulo anterior te sumergiste en algunos de los pensamientos y miedos que te frenan. Ahora es el momento de ser consciente de esos pensamientos y miedos. Al comprender las distorsiones cognitivas y los miedos generalizados que te provocan evitar compartir, hablar, y más, podrás superar los efectos de estas distorsiones.

Juntos, echemos un vistazo a algunas de las distorsiones más comunes que anclan a las personas en la negatividad, y en última instancia, les impiden alcanzar sus metas:

- **Filtro mental.** Imagina ganar un millón de dólares, pero hay un inconveniente: tienes que esperar un año para cobrarlo. En este caso, un filtro mental implicaría tener una visión tan limitada de una parte de la situación, que se vuelve negativa para ti. Entonces, en lugar de estar emocionado por el millón de dólares, comienzas a enfocar tu mente en pensamientos negativos debido al año que tardarás en recibir el dinero.

- **Magnificación y minimización.** Una lupa puede lograr que el ojo de una aguja se convierta en un portal. Bueno, así es como funciona la magnificación. Si magníficas tus pensamientos, algo que no es un gran problema, puede transformarse en una dificultad enorme ante tus ojos. La minimización, entonces, es lo opuesto: cuando consideras que algo importante (usualmente un logro) es irrelevante.

- **Ignorar lo positivo.** Sin duda, ocurren cosas positivas en tu vida. Sin embargo, para alguien que regularmente ignora estas cosas, se vuelven inmensamente difíciles de ver. Pasar por alto lo positivo es minimizarlo, para enfocarte en lo negativo. Esto, por supuesto, puede ser increíblemente dañino para tu capacidad de estar satisfecho con la vida.

- **Razonamiento emocional.** El razonamiento emocional describe la falacia en la que caen muchas personas, cuando asumen que sus sentimientos son iguales a la realidad. Por ejemplo, podrías sentir que tu discurso va a ser un desastre, y por lo tanto, asumes que esa es la realidad de la situación. La realidad, sin embargo, *¡es que no lo es!*

- **Declaraciones imperativas.** Las declaraciones imperativas incluyen palabras como "debería" y "debo". Esta sigue siendo una distorsión cognitiva común, porque es una forma crítica en la que muchas personas se frenan a sí mismas. Creen que si algo no sale como "debería", entonces es un fracaso total. La realidad es que hay grados de éxito que no son contemplados por tales declaraciones imperativas.

- **Personalización.** A veces, eventos y obstáculos que tienen poco o nada que ver con nosotros personalmente, pueden hacernos sentir mal. Algo que se cae al otro lado de la habitación, puedes asumirlo rápidamente como un reflejo de tus fallos si no estás en el estado mental adecuado. Este es un ejemplo típico de personalización:

una falacia que implica atribuirte algo malo que no está relacionado contigo mismo o con tu valía personal.

¿Qué tienen en común todas estas distorsiones cognitivas? Pues bien, la
respuesta es que todas estas distorsiones tienen la capacidad maligna de
derribarte, arruinando tus posibilidades de éxito como orador.

Por lo tanto, superar los obstáculos de las distorsiones cognitivas es relevante, no sólo para superar tu fobia social, sino también para convertirte en un orador seguro. Las distorsiones cognitivas no son más que
eso: distorsiones. No cumplen ningún propósito positivo en nuestras vidas, y una manera de superarlas es desafiándolas a medida que aparecen.
Cuando notes que las manos de la distorsión están asfixiando tus metas
y aspiraciones, da un paso atrás y piensa: *¿Cómo puedo demostrar que esta
distorsión es falsa y cuáles pensamientos serán verdaderamente útiles para
mis propósitos?*

En lo que respecta a los pensamientos que obstaculizan nuestro progreso
hacia superar la glosofobia, otro ingrediente nocivo es la rumiación. ¿Alguna vez has pensado algo tantas veces que te hizo sentir que te volvías loco?
¿Y cada vez que lo pensabas, la situación empeoraba lentamente? Eso, en
resumen, es la rumiación. La rumiación es una de las maneras más comunes
en que una simple preocupación puede convertirse en un torbellino de
ansiedad.

En los tiempos modernos, la rumiación se ha vuelto tan común que la
mayoría de las personas no le dan importancia; sin embargo, si realmente
aspiras a vencer tu glosofobia de una vez por todas, debes ser consciente
principalmente de *cuándo* estás rumiando. De hecho, simplemente notar
el proceso de rumiación puede ser transformador. Puedes pasar de ser un
desastre ansioso, a una estrella de rock segura de sí misma de la noche a la
mañana, si tan solo aprendes a identificar la rumiación.

A partir de ahí, puedes detener efectivamente la rumiación haciéndote algunas preguntas como estas:

- ¿Este pensamiento me es útil?

- ¿Este pensamiento me está acercando a mis metas?

- ¿Pensarlo me ayuda a prepararme, o solo me pone más nervioso?

- ¿Estos pensamientos están basados en la realidad o provienen de un pensamiento tipo "qué pasaría si"?

- ¿El pensamiento que tengo cae en una distorsión cognitiva?

Al hacerte algunas de estas preguntas sobre tu forma de pensar, es posible que descubras que lo que realmente estás haciendo, es rumiando. Cuando desafías los procesos de pensamiento que te frenan—incluyendo las distorsiones cognitivas y la rumiación— te acercas un paso más a librar una batalla clara, en la que tu glosofobia no tiene ninguna posibilidad de bloquearte en el logro de tus metas.

LA BURBUJA DE LA INTROVERSIÓN

El camino para superar el principal obstáculo de la ansiedad social no termina aquí. Algo más que debe ser considerado es lo que se conoce como la **burbuja del introvertido.** Para la gran mayoría de las personas que sienten que las garras de la glosofobia los retienen, también es cierto que se consideran introvertidos. Y aunque la introversión en sí misma no es algo malo, la forma en que respondemos a ella puede tener un impacto negativo en la vida de una persona.

La noción de ser introvertido a menudo se malinterpreta. Lo que probablemente la mayoría de las personas no saben es que, solo porque no te guste una multitud ruidosa, no significa que seas introvertido—al menos, no necesariamente. La introversión no tiene nada que ver con cuánto te guste una multitud. De hecho, una fiesta abarrotada con docenas de invitados puede ser tu idea de un sueño, y aun así podrías ser introvertido simultáneamente.

De hecho, un introvertido obtiene energía e inspiración de la soledad, aunque no necesariamente sea alguien que la *prefiera*. Para muchas personas que se consideran introvertidas, esta atribución se basa en el hecho de que pararse frente a una multitud y compartir ideas abiertamente, puede ser una experiencia aterradora y angustiante. Sin embargo, si todos los que temen compartir sus ideas en público fueran realmente introvertidos, entonces solo un pequeño porcentaje de la población sería extrovertido.

Si te consideras una persona introvertida, eso no determina cuán hábil eres para hablar en público. De la misma manera que ser extrovertido no significa que no puedas disfrutar de la soledad. La introversión solo indica de dónde obtienes tu energía, pero no define tus capacidades.

Entonces, ¿qué tiene esto que ver con tu miedo abrumador? Bueno, resulta que alguien atrapado dentro de los límites de la burbuja de la introversión, es incapaz de sostener un crecimiento personal. Sí, me has oído bien. La burbuja de la introversión te impide crecer personalmente y superar obstáculos.

Si te consideras introvertido, probablemente hayas agitado la bandera blanca en relación con ciertas actividades. Al admitir que nunca serás alguien que disfruta de las fiestas o que prospera en un entorno social intenso, es probable que hayas consolidado la idea de que varios objetivos están fuera de tu alcance. Como tal, esto detiene tu crecimiento personal de manera drástica.

Cuando encarnas este rasgo de personalidad, te dices a ti mismo que *no puedes hacer algo*—todo debido a una etiqueta autoimpuesta. De esta manera, la burbuja de la introversión es como una trampa pegajosa que te retiene lejos de tus sueños. El hecho es que la vida está llena de dificultades—¡para todos! No puedes esperar razonablemente que la vida sea sencilla en cada momento. Cuando te atrapas dentro de la burbuja de la introversión, los retos y desafíos —la esencia que nos impulsa a crecer— se descartan por completo.

Afortunadamente, evitar la burbuja de la introversión es más sencillo de lo que parece. Todo lo que necesitas es encontrar la fuerza para salir de tu cabeza y dejar esos pensamientos rumiantes. Sin embargo, para algunos, esto puede ser más fácil de decirlo que de hacerlo. Te recomiendo volver a las preguntas de la sección anterior para derrotar la rumiación y empujarte a hacer cosas nuevas. Incluso si algo parece "aterrador" o fuera de tu carácter, está bien hacerlo. Empujarte fuera de esa burbuja de la introversión es la única forma de lograr un verdadero crecimiento.

Otro método para salir de esa burbuja, es volverse más flexible. Las paredes de una burbuja pueden parecer maleables, cediendo si las presionas, pero eso es solo una ilusión; esas paredes son rígidas. La única forma real de superar esta ilusión es volverse más flexible. Esto implica permitirte probar cosas nuevas, incluso si parece que te estás preparando para fallar. Intenta cosas que no son "tú", ya que esto te permitirá crecer fuera de los límites de las estrictas reglas que la burbuja de la introversión te ha impuesto.

Además, podría ser el momento de deshacerte de la etiqueta por completo y liberarte de la burbuja de la introversión. Te oigo jadear y llevarte las manos al pecho ante la mera idea de esto, pero piénsalo por un segundo: ¿Alguna vez etiquetarte como introvertido ha cambiado tu vida positivamente? Si no es así, entonces podría estar funcionando como una restricción innecesaria que te impide lograr lo que aspiras a hacer en la vida—específicamente, te impide derribar las barreras de la glosofobia y la ansiedad social que la acompaña.

Ahora, después de escuchar toda la información que he compartido contigo a lo largo de este capítulo, podrías tener curiosidad. ¿Qué se puede hacer para ayudarte a enfrentar tus miedos y desafiar los pensamientos que te bloquean para alcanzar la grandeza? Bueno, vamos a considerar esto a continuación.

SUPERANDO LA ANSIEDAD SOCIAL

Mira, enfrentar tus miedos y desafiar los pensamientos que te frenan es, sin lugar a dudas, una de las cosas más difíciles que puedes hacer. Al mismo tiempo, también es una de las más valientes. Cuando encuentras la fuerza interior para superar estos obstáculos, se abre un mundo de oportunidades, incluyendo el mundo de hablar en público. Para superar la ansiedad social que provoca tu glosofobia, vas a necesitar algunas tácticas.

Una de las tácticas dinámicas que recomiendo para quienes luchan con la glosofobia, es el "flooding" o exposición total. Este método opera sobre el principio psicológico fundamental, de que los miedos son comportamientos aprendidos, y con la estrategia adecuada, pueden desaprenderse. Piensa en las raíces de tu miedo: ¿es el resultado de una incomodidad innata o de un evento desagradable en el pasado? Independientemente de su origen, tu miedo ha sido arraigado a través del condicionamiento social. El flooding contrarresta esto saturando tu rutina con tareas de hablar en público, desafiando tu miedo al demostrar, una y otra vez, que el temor es desproporcionado con la realidad de la situación. Sí, el flooding es una confrontación directa con tu fobia. Puede agitar tus ansiedades más profundas, pero también te demuestra que el miedo, aunque emocionalmente tangible, prácticamente no tiene fundamento. El mundo, como descubrirás, sigue firme mientras hablas.

Notarás un cambio en tu percepción de hablar en público al colocarte constantemente bajo los reflectores. Cuanto más hables, más el miedo se desvanece en el fondo, reemplazado por una creciente autoconfianza y habilidad. El flooding no solo disminuye la reacción de miedo, sino que también agudiza tus capacidades oratorias a través de interacciones variadas y retroalimentación de la audiencia. Es un secreto a voces, que el camino para convertirse en un orador estrella, está pavimentado con las piedras de la resiliencia y el aprendizaje.

El flooding, aunque intimida a primera vista, es un viaje transformador que te equipa con mecanismos de afrontamiento para la ansiedad, como la respiración estratégica y la preparación mental. Aunque es cierto que no todos los discursos resonarán con aplausos, cada palabra que pronuncies es un paso más lejos del miedo, y un paso más cerca de convertirte en un orador seguro y convincente. Con la orientación profesional adecuada, el flooding no es una prueba de fuego, sino un ascenso calculado hacia la elocuencia y el aplomo.

Además, superar la glosofobia también puede manejarse con estas cuatro herramientas:

1. **Prepararse para preguntas difíciles.** Una de las principales fuentes detrás del miedo a hablar en público para muchos, es la pregunta: *"¿Qué pasa si alguien me hace una pregunta y no sé la respuesta?"* Naturalmente, la solución para esto es prepararse con antelación para preguntas difíciles. Investiga preguntas que puedan surgir en discursos similares y comprende cómo sería una respuesta adecuada. Tu preparación no termina ahí; ensaya tus respuestas como si fueran parte de tu discurso.

2. **Gana perspectiva.** Al principio puede sentirse incómodo, pero intenta grabarte mientras ensayas tu discurso. De esta manera,

puedes reproducir la grabación y entender si aparecen hábitos nerviosos, verás la manera de mejorar tu discurso, y cualquier error común al que seas propenso. En general, esto garantizará que estés mucho más preparado.

3. **Visualízate teniendo éxito.** Muchas personas no saben esto, pero tu cerebro a menudo no puede distinguir entre la imaginación y la realidad. Por lo tanto, puedes "engañar" a tu cerebro para que se calme y visualice el éxito, poniéndote genuinamente en un escenario mental en el que ya has dado tu discurso sin problemas.

4. **Acepta tu ansiedad.** Una pequeña cantidad de ansiedad es normal. Cuando te esfuerzas tanto por eliminar los sentimientos "negativos" de tu vida, a la larga te vuelves aún más ansioso. Por lo tanto, es crucial aceptar tu ansiedad en lugar de tratarla como una fuerza que debes eliminar por completo.

Trabajando con estas habilidades, puedes dominar completamente tu ansiedad social.

ELEMENTO INTERACTIVO: IDENTIFICANDO LA RUMIACIÓN

Instrucciones

A medida que te esfuerzas por hablar con confianza, comprender cómo identificar tus pensamientos rumiantes es vital. En esta actividad, aprenderás a identificar tus pensamientos rumiantes para superarlos. Utiliza esta hoja de trabajo como guía:

- **Sentimientos:** Cuando se trata de hablar en público, ¿qué sientes emocional y físicamente? Escribe estos factores.

- **Pensamientos:** ¿Hay algún pensamiento particular que acompañe los sentimientos que acabas de listar? Escríbelos también.

- **Distorsiones cognitivas:** Finalmente, trata de analizar esos pensamientos que acabas de describir. Decide si están basados en la realidad o si tienen alguna evidencia que los respalde, y si esos pensamientos son útiles. Ve si puedes nombrar una distorsión cognitiva específica asociada con tus pensamientos.

Conclusión

Friedrich Nietzsche dijo: "LOS HILOS INVISIBLES SON LOS LAZOS MÁS FUERTES". A medida que caminas por el marco de los cinco principios de Aristóteles, tus hilos invisibles mantienen unida tu psique. Todo comienza con reinventarte, superar la duda, y exudar confianza para desafiar y reducir esos miedos del primer capítulo y los pensamientos rumiantes de este.

3

INVENCIÓN: LOS BLOQUES FUNDAMENTALES DE UNA COMUNICACIÓN SEGURA

No es raro temer hablar en público, y no estás solo en esto. Sin embargo, buscar ayuda para superar este miedo no es muy común. De hecho, solo un pequeño porcentaje de personas, apenas el 8%, busca ayuda para desarrollar esta habilidad y superar el miedo (31 Fear of Public Speaking Statistics (Prevalence), n.d.). Sentirse sin esperanza y desamparado es un destino que preocupa a muchas personas a lo largo de sus vidas. Al final, es algo que solo tú tienes el poder de cambiar.

Curiosamente, los estudios encuentran que la comodidad y la confianza para hablar frente a otros aumentan a medida que uno envejece (31 Fear of Public Speaking Statistics (Prevalence), n.d.). Aun así, hay una gran parte de personas que nunca se sienten cómodas enfrentando sus miedos o parándose frente a una multitud. El punto es que no tienes que ser víctima del mismo destino. Incluso si no buscas necesariamente ayuda profesional, debes saber que el simple hecho de leer este libro ya es un acto de buscar y obtener ayuda en alguna forma.

El comienzo de superar realmente tu miedo, implica reinventarte a través del desarrollo de la confianza, practicar ejercicios que te ayuden a sentirte seguro en público y aplastar la duda que te hace víctima de esos temores. Así que, sin más demora, ¡vamos a inspirarte y darte la confianza suficiente para seguir adelante!

INVENCIÓN

Para entender el primer secreto de Aristóteles sobre hablar en público, debemos observarlo más de cerca. ¿Qué es la invención? ¿Qué quiso decir Aristóteles al usar este término aparentemente simple?

Bueno, el poderoso secreto de la invención implica cuestionar si algo que dices es un hecho. La invención, en el contexto de la oratoria, implica usar recursos confiables para investigar tu argumento. En contraste, muchas personas creen erróneamente que la invención consiste en sacar ideas de la nada y fabricar el contenido del discurso de principio a fin. Pero no te equivoques, esto no es de lo que trata la invención.

En su esencia, la invención invita a la credibilidad; cuando te involucras con la invención, es necesario pensar en tu credibilidad acerca de lo que estás diciendo. Por ejemplo, ¿qué valores influyen en tu discurso y su contenido? ¿Qué lo informa? ¿Lo que dices se alinea con tus opiniones personales, las opiniones de tu empresa u otra cosa?

Hay otros factores a considerar cuando se trata del primer canon de la retórica de Aristóteles. Primero, comienza haciéndote preguntas como:

- **¿Cuál es el tema?** Considerar el tema en detalle es, aunque no lo creas, un aspecto de la invención que a menudo se pasa por alto. Para hacer un gran discurso y sentirte seguro al respecto, es necesario saber cuál es el tema del mismo.

- **¿Puedes definir el tema y los elementos que lo componen?** Esta pregunta implica entender si realmente sabes de lo que estás hablando. Si alguien en la audiencia pide una aclaración, debes conocer tu tema y lo que implica.

- **¿Has seleccionado un medio para tu mensaje?** En otras palabras, ¿cómo transmitirás el mensaje a la audiencia? Un discurso no siempre es cara a cara; en la tecnología moderna, presentaciones por Zoom o transmisiones en vivo por Instagram, son opciones valiosas para transmitir un mensaje.

Además, la invención requiere que conozcas a tu audiencia. Supón que sales al escenario frente a una audiencia de madres primerizas. En ese caso, comprender sus dudas, ansiedades e inquietudes sobre la maternidad, te permitirá promocionar de manera más adecuada esta nueva empresa de asientos para automóviles, por ejemplo. El punto aquí es que, cuando conoces a tu audiencia, puedes hablarles de manera que deje una impresión duradera en su memoria.

Entender los conceptos básicos de la invención es un comienzo, pero ¿cómo puedes recorrer sus pasos retóricos? Para hacerlo, debes dominar la autoconfianza, liberar la duda y ser auténtico en tu conexión con la audiencia, todo lo cual exploraremos a continuación.

LIBERAR LA DUDA

Dominar el arte de la invención comienza liberándote de tus dudas. Al emprender este camino aparentemente arriesgado hacia la liberación de todo lo que te hace sentir temor, como las palabras: *"no puedo,"* esfuérzate por traer esos pensamientos de los últimos dos capítulos: los miedos y lo que te hizo *sentirlos*. Esto es vital, ya que liberar la duda comienza con la autoconciencia.

La forma en que te hablas a ti mismo se conoce como "auto-charla" o "diálogo interno". Para alguien retenido por el arnés de la duda, es crucial analizar cómo te hablas a ti mismo, ya sea en voz alta, en tu mente o de otra forma. Tus dudas sobre tus habilidades provienen de un lugar de diálogo interno negativo, y la autoconciencia es el inicio para dar el cambio que necesitas.

Entonces, ¿qué debes hacer exactamente? Para alejar esos pensamientos negativos que te ahogan en la duda, primero necesitas reconocer que estás teniendo pensamientos negativos. Después de todo, debes ser consciente del fuego antes de poder apagarlo. Hay algunos pasos para reconocer la mera existencia de tus patrones de diálogo interno negativo:

1. Cuando notes que un pensamiento negativo o de duda entra en tu mente, detente. Solo toma nota de que ha ocurrido un pensamiento negativo sin intentar juzgarlo.

2. Piensa en lo que estabas haciendo, diciendo o sintiendo antes de que ocurriera el diálogo interno negativo. Esto será lo que *desencadenó* el pensamiento negativo.

3. Repite este proceso cada vez que te sorprendas rondando en uno de estos pensamientos.

Cuanto más sigas estos tres simples pasos, más llegarás a reconocer los patrones que desencadenan tus pensamientos negativos; comprenderás, por ejemplo, si una persona en particular, una actividad o incluso una canción, te hacen sentir dudas sobre ti mismo.

Después de eso, debes avanzar y disputar el pensamiento. En ese momento, un pensamiento negativo puede parecer el fin del mundo; tu simple afirmación de "Nunca daré un buen discurso", puede transformarse en una regla rígida que te has impuesto justo delante de tus ojos. Esto es lo que vamos a cambiar. ¿Por qué? Porque los pensamientos negativos no deben ejercer ese poder sobre ti.

Cuando sientas el peso abrumador de la negatividad, puede ser difícil ver con claridad la situación, pero tendrás que obligarte a hacerlo de todos modos. Entonces, para empezar, ve si puedes encontrar alguna evidencia en contra, ya que esto ayudará a refutar los pensamientos negativos que rondan tu cabeza.

Por ejemplo, supongamos que el pensamiento "Nunca daré un buen discurso" es tu pensamiento negativo. ¿Alguna vez alguien te ha felicitado por un discurso o te ha dado una: ¡enhorabuena!? O lo contrario: ¿alguna vez has dado un discurso realmente malo y verdaderamente horrendo? Es probable que no. Racionalizar tu diálogo interno negativo de esta manera, es la clave para disputar tales pensamientos.

Además, puedes agregar dos herramientas a tu kit para superar el diálogo interno negativo: el dúo dinámico de **diálogo de habilidades** y **diálogo de esfuerzo**. El diálogo de habilidades adopta la perspectiva de que *ya eres* bueno en algo, incluso si realmente no lo eres. Recuerda: la mente humana no puede distinguir fácilmente la creencia de la realidad, lo que significa que decirte a ti mismo "Soy muy bueno hablando en público" puede convencer a tu cerebro de que esta afirmación es completamente cierta.

El diálogo de esfuerzo es similar. Implica hablar de una manera que transmita tu disposición a esforzarte en una tarea. Por ejemplo, decirte a ti mismo: "Haré mi mejor esfuerzo" para un discurso, te empodera para impulsarte y dar lo mejor de ti. Subliminalmente, esto también te asegura que eres lo suficientemente bueno y que no tienes que afanarte para cumplir con los estándares que otros puedan imponerte.

Liberar la duda también implica sustituir cualquier absoluto en tu discurso. Los absolutos son frases que indican que algo siempre es blanco o negro, cuando en realidad hay muchos tonos de gris en juego. Los siguientes son ejemplos de declaraciones absolutas que podrías repetirte:

- *Nunca* daré un buen discurso.

- *Siempre* me equivoco al hablar en público.

- *Siempre* me están juzgando cuando hablo.

Cuando permites que estos absolutos se arraiguen en tu mente, pierdes la capacidad de liberarte de tus dudas e inseguridades. Así que, para decirlo de manera simple, esto significa que debes alejar los absolutos de tus pensamientos. Echa un vistazo a estas versiones revisadas de las declaraciones anteriores:

- Un día, daré un discurso *increíble*.

- Cometí *algunos* errores, ¡pero hice mi *mejor* esfuerzo!

- Mi audiencia *en realidad* está animándome para que tenga éxito.

¿Ves cómo esos absolutos se convirtieron en tonos de gris que abren nuevas posibilidades para ti? Al abandonar la rigidez de las declaraciones absolutas, uno puede despojarse del peso de la duda y realmente avanzar.

Es crucial entender que la duda puede ser contrarrestada con un antídoto. Este remedio tiene el poder de debilitar incluso la forma más monstruosa de la duda, dejándola sin fuerza. El amor propio es el secreto que nutre la derrota de la duda.

Puede sonar como una broma, pero honestamente, estamos condicionados por la sociedad a suprimir los poderes del amor propio. Sin embargo, el amor propio es el polo opuesto de la duda, y al invitarlo a tu vida, creas un escudo impenetrable entre tú y esos pensamientos negativos. Encontrar el coraje para combatir la duda con compasión, es uno de los cambios más fuertes y positivos que puedes hacer si realmente deseas liberarte de esos temores.

REINVENTARSE CON GRATITUD

A medida que nos acercamos a la línea de la invención, aplastando la duda y fomentando la confianza, hay un superhéroe imparable que necesitamos conocer en el camino: la gratitud. La gratitud es tan importante porque, sin ella, no puedes ver tus buenas cualidades, ni puedes realmente aplastar la duda o inspirar una reinvención que disuelva tus tendencias a la autocrítica.

Una de las mejores partes de adoptar una actitud de gratitud, es que te permite buscar diamantes de positividad que pueden eclipsar cualquier mancha de negatividad en tu vida. Verás, la gratitud tiene la sorprendente capacidad de mejorar nuestro bienestar emocional y nuestra felicidad. Con una mentalidad tan positiva, puede ser difícil siquiera pensar en el impacto del diálogo interno negativo o la duda.

También puedes usar la gratitud como un medio para silenciar la duda en acción. Cuando tengas un pensamiento que no sea apreciativo de ti mismo o de dónde estás en la vida, contrarresta con gratitud por lo lejos que has llegado y lo que has logrado. Este cambio de actitud evitará que la duda impacte negativamente tu vida.

Ahora, para hacer de la gratitud una práctica regular en tu vida, intenta llevar un diario de gratitud. Un diario de gratitud es una de las formas más rápidas de ver aparecer ante tus ojos una montaña de maravillas. Mientras que la mayoría de los diarios de gratitud se centran en ser agradecido por lo que tienes o el mundo que te rodea, demos a este un pequeño giro: enfoca este diario de gratitud en por qué estás agradecido *contigo mismo*.

Escribir sobre tus habilidades, capacidades y logros, te permite apreciar tu valor como ser humano. Incluso puedes usar preguntas como las siguientes para inspirarte mientras escribes en tu diario:

- ¿Cuáles son las tres cosas de mí que más aprecio? ¿Por qué estas cualidades o atributos me hacen sentir orgulloso?

- Reflexiona sobre un logro o éxito reciente, por pequeño que sea. ¿Cómo contribuyeron mis esfuerzos a este éxito y cómo puedo celebrarlo?

- Describe una situación desafiante que hayas superado. ¿Cómo jugaron la resiliencia y la determinación un papel en mi victoria?

- Enumera tres aspectos de tu salud física por los que estás agradecido. ¿Cómo puedo seguir cuidando y apreciando mi cuerpo?

- Piensa en un error o contratiempo de tu pasado. ¿Cómo he crecido o aprendido de esta experiencia y cómo puedo estar agradecido por las lecciones que me enseñó?

- ¿Quiénes son las personas en mi vida que me apoyan y me quieren incondicionalmente? ¿Cómo puedo expresar gratitud por su presencia y sus contribuciones a mi bienestar?

- ¿Cuáles son tres cosas que disfruto y que me traen alegría, paz o una sensación de logro? ¿Cómo puedo hacer tiempo para estas actividades de forma más regular?

- Reflexiona sobre el crecimiento y la mejora personal que has experimentado en el último año. ¿Cómo puedo expresar gratitud por mi camino de autodesarrollo?

- Escribe una carta a tu yo futuro, expresando gratitud por la persona que eres hoy y el progreso que esperas lograr. ¿Qué palabras de aliento y aprecio puedes ofrecer a tu yo futuro?

- ¿Qué afirmaciones positivas o mantras de amor propio resuenan contigo? Escríbelos y explica por qué tienen importancia en tu vida.

Si te desafías a escribir en tu diario durante tan solo 3 minutos al día sobre lo agradecido que estás contigo mismo y con tus logros, comenzarás a notar cómo el demonio de la duda se aleja cada vez más de tu conciencia.

Bien, ahora volvamos a la idea central de la invención. ¿Cómo se vincula la gratitud con el proceso de reinventarse para desarrollar confianza en la invención?

Primero, la forma en que te hablas a ti mismo importa. Como mencioné anteriormente, el diálogo interno que practicas juega un papel significativo en cómo te sientes contigo mismo y tus habilidades. Si siempre llenas tu mente con diálogo interno negativo, naturalmente no te sentirás seguro de tus capacidades; sin embargo, si el diálogo interno neutral o positivo se convierte en tu nueva norma, serás una fuente de confianza.

El hecho es que, si te han invitado a hablar en público o tienes la oportunidad de hacerlo, probablemente tienes algo valioso que puede aportar a la presentación, la conversación o la situación.

En este caso, el mejor curso de acción es tratar de poner la información por delante de ti mismo. En este momento, considera que la información que tienes para transmitir es más importante que tus nervios, dudas y ansiedad, porque, en muchos casos, esto te ayuda a evitar que estas cosas te detengan.

Estar nervioso, asustado o preocupado, no le quita valor al mensaje que estás tratando de compartir. Después de todo, una persona que tartamudea pero dice palabras convincentes y útiles, es mucho más digna de la atención de la audiencia que una persona segura de sí misma que no dice nada con sustancia. Ten esto en mente: las personas a las que les estás hablando *quieren* escuchar; si no, no estarían allí. Recuerda que, mientras estés frente al público, *todos están apoyándote.*

Rituales de Mantras para Animarte

Todo este discurso está bien, pero necesitas algo genial para ayudarte a caminar con confianza hacia el escenario. Ahí es donde entran en juego los rituales de mantras. Un ritual de mantra utiliza la repetición y el diálogo interno para calmarte. Si la repetición, el lenguaje tranquilizador y las palabras reconfortantes te relajan, esto es perfecto.

Encuentra una palabra o frase, como: "Estoy calmado y presente," que se conecte a un pequeño objetivo positivo para tu discurso. Luego, mírate al espejo y repite ese mantra para ti mismo. Puede parecerte tonto al principio, pero verás que te sentirás más seguro y cómodo una vez que te acostumbres.

AUTENTICIDAD Y VULNERABILIDAD

La autenticidad y la vulnerabilidad son como gemelas; juntas, también pueden ayudarte en la etapa de invención para desatar tu brillantez. Piensa en algunos de los mejores discursos y presentaciones que hayas presenciado. Estoy dispuesto a apostar que las partes de ese discurso que más te impactaron fueron aquellas impulsadas por la interacción auténtica y la disposición a ser vulnerable. Estas son las habilidades que te ayudaremos a perfeccionar para mejorar tus actuaciones.

Si alguna vez has intentado impregnar autenticidad en un discurso, es posible que te hayas encontrado frente a un espejo, ensayando una broma, un error o una equivocación que te humanizó ante la audiencia. Si bien la humanización es deseable, el error que estás cometiendo con este ensayo es, bueno, ¡ensayarlo! En otras palabras, la auténtica autenticidad, valga la redundancia, no proviene de la práctica.

Sé tú mismo en el escenario. Si cometes un error en tu discurso, te tropiezas con las palabras o haces una broma que no tiene el efecto esperado, la audiencia te encontrará encantador: alguien auténtico y vulnerable en quien pueden confiar, alguien igual que ellos. Esto nos lleva a la necesidad de permitirte ser vulnerable en el escenario.

La vulnerabilidad no es fácil para todos; implica mostrar tu alma a una multitud de desconocidos, enseñándoles una parte de ti que quizás ni siquiera conozcas del todo. Puede ser aterrador—algo que temes añadir a la ya aterradora tarea de hablar en público. No obstante, la vulnerabilidad puede ser la clave de la invención, ayudando a tu audiencia a conectarse contigo de manera completa y honesta.

Ahora, podrías preguntarte cómo puedes desbloquear la autenticidad y la vulnerabilidad en el escenario; después de todo, no es algo que puedas reducir a un proceso de cuatro pasos, ¿verdad? ¡Sí lo es! Para desatar tu autenticidad y vulnerabilidad para una conexión genuina con la audiencia, sigue estos cuatro pasos:

1. **Aprovecha tus fortalezas.** El primer paso es aprovechar tus fortalezas, porque usarlas hace que sea mucho más fácil hablar desde un lugar auténtico. Por ejemplo, si eres un excelente narrador, incluye una anécdota personal cautivadora en tu discurso. Incorpora esas fortalezas, y naturalmente formarán conexiones con la audiencia, promoviendo un discurso más atractivo.

2. **Encuentra un equilibrio.** Entrar en un discurso lleno de entusiasmo ensayado, es tan falso que podría desconectar a la audiencia

muy rápidamente y llevarlos a una falta total de interés. Debes encontrar un equilibrio entre tus emociones y entusiasmo para cautivar a la audiencia perfectamente. Conecta tu comunicación verbal y no verbal con lo que estás diciendo, y permite que esos aspectos impulsen un equilibrio natural en tu comunicación.

3. **Sé intencional.** Habla como si lo dijeras en serio y asegúrate de que tu personalidad brille. Al mismo tiempo, ten cuidado de no sobreactuar para la audiencia. Quieren a alguien honesto y genuino con quien conectarse, y eso solo sucederá si no solo vendes tu tema, sino a ti mismo también.

4. **Ten pasión.** Tu pasión por el tema es contagiosa; si la audiencia ve tu genuina pasión y entusiasmo por lo que estás hablando, sentirán la misma pasión.

Tu autenticidad y vulnerabilidad deben brillar en un discurso para que la audiencia entienda que deben estar al borde de sus asientos, listos para una presentación emocionante. Con esos cuatro pasos, estarás en camino a ser el orador que deseas.

PRACTICAR FRENTE AL ESPEJO

No querrás presentarte el gran día de tu discurso sin haber ensayado y reensayado. Ya sea practicando frente a un espejo, frente a tu familia o incluso dando el discurso a tu querida mascota, debes saber en qué enfocarte para que ese tiempo sea productivo. Entonces, ¿en qué necesitas concentrarte para un ensayo perfecto? Todo comienza tomando medidas para manejar tus nervios.

Tus nervios son, sin duda, uno de los aspectos más debilitantes del discurso. Al repasar algunos métodos para calmar tus nervios tensos, puedes empezar con el pie derecho:

- Aprende sobre la respiración controlada y cómo hacerlo, ya que esto te ayudará a sentirte más en paz mientras esperas detrás del telón, listo para presentar tu discurso. Por ejemplo, puedes practicar la respiración cuadrada, inhalando durante cuatro segundos, sosteniendo por cuatro, luego exhalando por cuatro, sosteniendo por cuatro y repitiendo, un ciclo que calma la mente y estabiliza los nervios.

- Elige alguna música para escuchar en el camino hacia el lugar de tu discurso. La música adecuada puede ponerte en un estado mental positivo, ya sea que vayas conduciendo, tomando el autobús o incluso abordando un avión.

- Selecciona uno o dos ejercicios de atención plena en los que puedas participar de camino o mientras te preparas para salir al escenario. Por ejemplo, puedes practicar un ejercicio de compromiso sensorial donde identifiques cinco cosas que ves, cuatro que puedes tocar, tres que puedes oír, dos que puedes oler y una que puedes saborear para llevarte al momento presente.

- Trata de no consumir demasiada cafeína, si es que tomas alguna, antes de tu discurso. La cafeína es un estimulante que puede hacer que te sientas nervioso, más nervioso de lo que ya estás. Además, la cafeína es un diurético, lo que puede dejarte con una vejiga hiperactiva junto con tus nervios.

Recuerda también que tu audiencia no sabe que estás nervioso; a menos que el sudor esté corriendo por tu frente y estés más tembloroso que una figura de bobblehead en el tablero de un coche, tu nerviosismo no será lo primero en lo que la audiencia piense. Antes de tu discurso y mientras practicas frente al espejo o frente a alguien más, intenta acostumbrarte a calmar tus nervios utilizando los métodos que te acabo de proporcionar.

Recordar ensayar tu postura es la siguiente dinámica de un excelente discurso. La postura, por supuesto, se refiere a cómo te paras e incluso caminas en el escenario, y es muy importante para lo que la audiencia se lleva de tu discurso. Piénsalo: alguien encorvado sobre un podio irradia mucha menos confianza y credibilidad que alguien que se mantiene erguido pero relajado.

El hecho es que una mala postura actúa como una barrera entre tú y la audiencia. Por otro lado, cuando tienes una postura clara y robusta, tu audiencia puede ser más receptiva a lo que estás diciendo. Mantén los brazos descruzados y relajados a tu lado, la espalda recta y la cabeza en alto mientras hablas con la audiencia; estos, especialmente en combinación, son la clave para una postura segura y asertiva. Una postura relajada y confiada le indica a tu audiencia que estás cómodo, seguro y abierto a interactuar.

Para muchas personas, estar de pie con los brazos descruzados a su lado, especialmente frente a un grupo, los hace sentir muy vulnerables. Y es real, en cierto sentido, estás siendo *abierto*. Sin embargo, dado que puede resultar incómodo, esta forma de pararse es algo que vale la pena practicar y con lo que debes sentirte cómodo. Como puedes imaginar, no le sale de forma natural a muchas personas.

Además, no permitas que algo físico se interponga entre tú y tu audiencia. Un podio, una computadora portátil o incluso un soporte de micrófono, pueden crear disonancia entre tú y la audiencia. En lugar de permitir que estos elementos te bloqueen, da un paso al lado y permite que tú y tu audiencia estén cara a cara, con nada entre ustedes más que aire y oportunidad.

A partir de ahí, es momento de enfocarse en el contacto visual. Ahora, muchas personas asumen erróneamente que, debido a que la audiencia está a varios pies de distancia, no pueden ver tus ojos; esto suele ser falso. Nunca dudes del poder de tu mirada. Por lo tanto, deberías permitirte hacer contacto visual con la multitud y con miembros seleccionados para establecer una conexión visual. ¡Pero no los mires fijamente!

Y eso no es todo: piensa en infundir tu discurso con un toque de humor. Si hay algún accesorio que se te cayó o si te tropiezas con el cable del micrófono, haz una broma al respecto y sigue adelante. Al negarte a concentrarte en los errores, y en su lugar, recurrir al humor, puedes mantener la atención de la audiencia sin llamar la atención sobre fallas menores. Esta es una combinación perfecta de vulnerabilidad y autenticidad para tu discurso.

ELEMENTO INTERACTIVO: HOJA DE TRABAJO PARA REDIRECCIONAR PENSAMIENTOS

Instrucciones

Los pensamientos negativos, como se ha discutido a lo largo de este capítulo, pueden contribuir a la duda y la falta de confianza en tu discurso. Para superar esto, intenta llenar la siguiente hoja de trabajo para redireccionar tus pensamientos. Incluso puedes intentarlo semanalmente:

- ¿Hay evidencia significativa que pruebe que mi pensamiento es correcto?

- ¿Hay evidencia que refute mi pensamiento?

- ¿Mi interpretación de esta situación carece de evidencia?

- Si hablara con mis amigos sobre esta situación, ¿qué pensarían ellos?

- ¿Cómo es la situación desde una perspectiva positiva?

- ¿Este asunto será importante dentro de un año? ¿Dentro de cinco años?

Conclusión

Roy T. Bennet dijo: "SI PUEDES ELIMINAR TU AUTOCRÍTICA Y CREER EN TI MISMO, PUEDES LOGRAR LO QUE NUNCA CREÍSTE POSIBLE." Y esto es muy cierto. Entonces, con esa idea en mente, comienza a practicar tu yo auténtico, charlas frente al espejo con confianza y una reinvención empoderadora. Luego, puedes pasar al canon de la disposición en el marco de Aristóteles para continuar desarrollando tu confianza y habilidades para hablar en público.

4

DISPOSICIÓN: DISEÑANDO LA ARQUITECTURA DE TU DISCURSO

La preparación importa mucho más de lo que podrías pensar al dar un discurso convincente que realmente conecte con la audiencia. Claro, es posible dar un discurso improvisado y tener un gran éxito. Sin embargo, esta posibilidad es bastante reducida, y por lo tanto, no es algo en lo que debas confiar, porque el éxito no suele ser el resultado típico de un discurso sin preparación.

De hecho, la falta de preparación es la razón por la que el 90% de las personas tienen dificultades para presentarse en el escenario, volviéndose ansiosas o fracasando por completo en su discurso (31 Fear of Public Speaking Statistics (Prevalence), n.d.). Este hecho subraya la importancia de la preparación.

Otra consideración interesante a tener en cuenta, es que la participación del público se dispara cuando se invita a los miembros a hablar o interactuar con el discurso de alguna manera; al mismo tiempo, esto no es algo que puedas lograr sin una preparación diligente.

Esta es una de las muchas razones por las que la planificación cuidadosa es necesaria para lograr una participación completa y coherente de la audiencia.

Una planificación adecuada es crucial para dar un buen discurso, y todo comienza con prepararte para la presentación y transmitir tus ideas de manera efectiva. Incluso Aristóteles enfatizó la importancia de la planificación en el discurso público y reconoció que todo discurso requiere una preparación cuidadosa.

Entiendo que preparar un discurso puede poner nervioso a cualquiera. Es por eso que tenemos ocho pasos para ayudarte en el proceso. Aunque esta no será la estructura que utilizarás para formar el discurso final, sí desglosa los momentos y pasos clave que debes dar antes de elaborar un esquema.

DESATANDO LA DISPOSICIÓN

El segundo canon de la retórica de Aristóteles es la disposición, que se centra en dar discursos influyentes y memorables. La disposición de tu discurso determina cómo vendes tu idea, influyes en otros y te preparas para los debates que puedan surgir. Sin embargo, ¿qué hace que una preparación para discursos sea buena, ya sea en una boda, para presentar una idea a una sala llena de inversionistas o incluso frente al jefe que podría ascenderte? Vamos a repasarlo:

Paso #1: Planifica tu Discurso Según la Ocasión

Es esencial entender que cada ocasión requiere un tipo de discurso apropiado. Por ejemplo, no puedes asistir a una boda y usar un brindis como una oportunidad para presentar una propuesta de negocio. De manera similar, no puedes usar un brindis de boda para pedir un ascenso en el trabajo. Aunque esto pueda parecer obvio, entender la ocasión es una de las primeras consideraciones que necesitas para organizar tu discurso. Cómo aconsejaría Aristóteles, comprender el tono y el propósito de un evento te guiará hacia el discurso que debes presentar.

Entonces, para ayudarte a definir tu ocasión y lo que eso significa para tu discurso, hay algunas preguntas que puedes hacerte:

- ¿Es este un evento formal o uno más casual?

- ¿Los asistentes serán personas que conozco o desconocidos?

- ¿Cuál es el propósito del discurso que voy a dar en el contexto de este evento?

Estas preguntas son excelentes para definir la formalidad y la conexión que se puede anticipar de una ocasión determinada. Al adaptar tu discurso a la ocasión, en lugar de esperar que coincidan, llegas preparado y listo con algo apropiado.

Paso #2: Elige un Tema o Propósito

Ahora bien, ningún buen discurso está completo sin un tema o un propósito. Un tema puede surgir de manera natural cuando piensas en la ocasión para la que vas a presentar. Si no es así, pregúntate de qué trata el discurso. ¿Dónde estás y por qué estás allí: en una conferencia, una asamblea escolar o la boda de tu mejor amigo? *Ese* sería tu tema.

Una vez que hayas definido un tema, puedes comenzar a aprender más sobre él. El mejor presentador, es al menos un poco más conocedor del tema que la audiencia. Más allá de eso, el interés es esencial; si no pareces interesado en el tema, tu audiencia tampoco lo estará. Simple y claro.

Además, piensa en *por qué* estás presentando tu discurso. "Mi jefe me lo pidió" o "mi primo me pidió que lo hiciera" no son respuestas que resalten el propósito. ¿Estás tratando de informar a alguien, persuadirlo o incluso entretenerlo? Entender el *por qué* ayuda a planificar un discurso que sea apropiado e interesante para tu audiencia.

Paso #3: Compilación de Contenidos

Por supuesto, ¡no puedes hablar si no tienes nada que decir! Por lo tanto, el siguiente paso para dominar la disposición, implica recopilar el contenido que se utilizará en tu discurso. A veces, como cuando tu jefe te pide que presentes datos, ya tendrás ese contenido listo. En otros casos, la mayor parte de la investigación y consideración recae en ti. Esto significa que debes sumergirte de lleno en el mundo de la investigación, desentrañando lo que vas a decir y su relevancia.

Un excelente consejo para tu etapa de recopilación de contenidos en la disposición, implica reunir más información de la que necesitas. Un discurso solo debe contener lo mejor de la mejor información; si estás presentando los beneficios de un nuevo producto, la información irrelevante o poco interesante sólo distraerá a tu audiencia del mensaje clave. Si reúnes más información de la que necesitas, puedes examinar lo que tienes y seleccionar solo lo mejor de la colección.

Paso #4: Organiza el Contenido de tu Discurso

Lo más probable es que no hayas recopilado tu información en el orden exacto en que la presentarás; de hecho, probablemente *no deberías* presentarla en el orden en que la recopilaste. La planificación cuidadosa también significa que debes organizar meticulosamente el contenido del discurso, ahora que sabes qué incluirá.

Para la mayoría de los discursos, hay un formato estándar que puedes seguir. Primero, dile a tu audiencia sobre qué vas a hablar. Luego, entra en el corazón del discurso, y finalmente, termina con un resumen. Esto permite que tu audiencia sepa qué esperar, consuma el contenido de tu discurso con más facilidad y luego escuche un resumen conciso de todo para mantenerlo fresco en sus mentes.

Paso #5: La Introducción

Tu discurso necesita una introducción convincente que atraiga a la audiencia y la mantenga cautivada. Por supuesto, no tienes que comenzar con la frase más exótica y original para mantener la atención de la audiencia; en su lugar, todo lo que necesitas es conocer a tu audiencia.

Primero, para conocer a tu audiencia, considera su edad. ¿Tu audiencia proviene de un rango de edad diverso o estás presentando a un grupo de una edad en particular? También te será útil considerar la cultura, el contexto financiero y las situaciones familiares en las que pueda encontrarse tu audiencia.

La idea es que, una vez que conozcas a tu audiencia, puedas impactarlos con una pregunta provocadora, una estadística sorprendente, una cita poderosa, una anécdota asombrosa u otra introducción que realmente les quite el aliento, manteniéndolos interesados durante tu tiempo en el escenario.

Recuerda, la introducción de tu discurso es tu primera oportunidad para causar una impresión en tu audiencia. Una apertura cautivadora puede atraer a tu audiencia, estableciendo el escenario para un discurso poderoso y atractivo. Ya sea que elijas comenzar con una cita, una pregunta o una estadística, asegúrate de que se alinee con tu mensaje clave y resuene con tu audiencia. Después de todo, las mejores introducciones no solo se escuchan; se sienten. No solo informan; inspiran. Preparan el terreno para un discurso que no solo se escucha, sino que se recuerda.

Tejer una introducción cautivadora es como esculpir el rostro de tu obra. Es lo primero que ve tu audiencia. Refleja el alma de tu discurso. Captura la atención, despierta la curiosidad y genera anticipación. Con una introducción bien elaborada, no solo captarás la atención de tu audiencia, sino también sus corazones y mentes, allanando el camino para un discurso que realmente resuene.

Paso #6: *Ayudas Visuales*

Ahora bien, no todos los discursos excelentes necesitan una ayuda visual; ciertamente puedes dar un discurso memorable solo con tu presencia y algo de preparación. Sin embargo, en situaciones donde las ayudas visuales tienen sentido, integrarlas puede ayudar a tu audiencia a visualizar tu objetivo final. En otras palabras, algunas ayudas visuales bien colocadas, pueden lograr que tu audiencia entienda tu visión con total precisión.

Piensa en un libro de texto que podrías ver en un aula. En un libro de biología que describe una estructura corporal, el libro puede mostrar un gráfico o diagrama junto al texto, que será relevante para un mejor entendimiento. Esto refuerza el aprendizaje en la mente del lector, mientras aclara simultáneamente el diagrama y el texto entre sí. Luego, durante un examen, uno puede recordar el material trayendo las imágenes a la memoria. Una ayuda visual en un discurso cumple un propósito similar.

Basado en esto, solo deberías presentar las ayudas visuales en tu discurso a medida que desarrolles las partes relevantes del tema. Por ejemplo, un gráfico que exprese una representación visual de una estadística, solo debería ser visible cuando se mencione la estadística; de lo contrario, la audiencia se vuelve mentalmente insensible a esa ayuda visual, y potencialmente a cualquier otra ayuda visual a lo largo de tu discurso.

Un error común al presentar una ayuda visual, es hablar "a" la ayuda visual. Muchos presentadores cometen el error de mirar la pantalla de su presentación de PowerPoint, en lugar de a su audiencia, lo que crea una sensación de desconexión. Ahora, está bien mirar ocasionalmente la ayuda visual, incluso señalarla si es necesario, pero la mayor parte de tu enfoque siempre debe estar en la audiencia.

Esto significa que debes tener tu ayuda visual memorizada y ser capaz de hablar sobre ella y sus detalles sin leerla. Además, considera tener copias impresas de tu material para distribuir a tu audiencia, especialmente si es apropiado para tu entorno. No asumas que todos pueden ver tu presentación en una pantalla. Puede ser útil visitar el lugar de antemano para entender dónde están las pantallas y el escenario en relación con la audiencia. Además, proporcionar copias físicas de tu material, puede ayudar a refrescar la memoria de tu audiencia al final de tu charla.

Paso #7: Redacción

Bien, el siguiente paso implica trabajar con la redacción del discurso. Ahora que tenemos el mensaje, el propósito, la introducción y varias señales y ayudas listas, es importante pensar en lo *que* dirás y *cómo* lo dirás el gran día. Esto hará que dar o terminar el discurso sea mucho más natural y fluido.

Un error común que la gente suele cometer, es intentar memorizar la redacción exacta de un discurso para recitarlo perfectamente el día de la presentación. Créeme en esto: la audiencia puede notar si estás dando una repetición paso a paso de un discurso preescrito. Involucramos intrínsecamente ciertas entonaciones y hábitos vocales al recitar, que hacen que el discurso parezca mecánico y distante, y eso no es lo que deseas.

En lugar de hacer esto, querrás usar algo llamado "entrega extemporánea." Esto significa que entras al discurso bien preparado y familiarizado con lo que dirás, pero no tienes la redacción exacta memorizada y lista para usar. En cambio, las palabras se crean espontáneamente en vivo y en el momento. Esta es la mejor manera de ofrecer un discurso natural y convincente a partir de la base de la preparación.

Paso #8: Ensayo

El paso final para dominar la disposición del discurso, es el ensayo. Aquí es donde ensayas tu oda a la audiencia frente al espejo, tu familia o incluso tu mascota durante la cena. El ensayo también es la etapa en la que trabajas los puntos de dificultad y te preparas para imprevistos, en los que nos centraremos más en el Capítulo 5.

En conjunto, estos ocho pasos son la clave para una disposición exitosa. De hecho, este es el marco que necesitas para cualquier discurso, ya sea una propuesta para clientes en el trabajo o un discurso de graduación. Con este marco convincente, seguramente tendrás éxito. Sin embargo, incluso con estos pasos delineados, es posible que aún tengas algunas preguntas, preguntas cruciales para ayudarte a mejorar la aplicación de estos pasos. Vamos a abordarlas ahora.

CONOCER A TU AUDIENCIA

Por definición, la introducción de tu discurso es lo primero que escucha tu audiencia. Los primeros segundos son una parte crucial que puede atraer a tu público o desinteresarlo por completo. Para empoderarte verdaderamente a través de la táctica de disposición de Aristóteles, debes crear una introducción que allane el camino hacia un discurso realmente grandioso. ¿El secreto para lograrlo? Recuerda: *conocer a tu audiencia.*

La buena noticia es que unos simples trucos pueden amplificar tu discurso y tu conocimiento de la audiencia, minimizando la cantidad de investigación necesaria para alcanzar el mismo objetivo. Consideremos lo que necesitas saber para hacer de esto tu realidad, mientras cautivas a la audiencia.

Las Tres Claves

Para conocer a tu audiencia y comunicarte con ella de manera significativa, necesitas hacer tres cosas:

1. Asegúrate de que el tema de tu discurso, en particular tu introducción, les atraiga.

2. Comprende la cantidad aproximada de conocimiento que tu audiencia ya tiene sobre el tema.

3. Usa temas inclusivos que puedan atraer a amplios grupos demográficos, siendo consciente de cuándo incluir consideraciones culturales.

¡Es así de simple! Para ayudarte a comprender realmente cada una de estas tres claves, las desarrollaré más a fondo.

Todo comienza asegurándote de que la audiencia esté interesada en tu discurso. A veces, puedes presentar un discurso a alguien que no le importa tu tema y aún así lograr un impacto si lo abordas desde el ángulo correcto; sin embargo, tendrás mucho más éxito si presentas un tema de interés para ellos.

Y eso no es todo: también deberías tratar de entender por qué les importa ese tema. Por ejemplo, digamos que estás presentando una nueva empresa de calzado que se enorgullece de su minimalismo y suelas antideslizantes. Ahora bien, ¿estás presentando esto a enfermeras o a trabajadores de comida rápida? Hay una gran diferencia entre los dos, y al comprender su motivación, puedes tocar más sus emociones.

Por supuesto, también es una buena idea evitar asumir que la audiencia es como tú. La misma razón por la que a ti te importa un tema, puede no coincidir con la razón por la que a ellos les importa, y eso está bien, pero debes saber *por qué* y *cómo* sus intereses son diferentes.

Después de eso, debes tratar de entender cuánto sabe la audiencia sobre el tema. Y este es un equilibrio delicado. Si les hablas como si no supieran nada, pero en realidad son profesionales, tu enfoque puede parecer condescendiente. Por otro lado, si les hablas como si fueran expertos cuando en realidad no tienen experiencia sobre el tema, probablemente no te seguirán muy bien, y a partir de ahí, perderán interés en lo que estás presentando.

Esta es un área en la que puede que necesites investigar un poco o incluso preguntar a alguien que sería un candidato ideal para la audiencia, qué es lo que ya sabe. Hacerlo puede darte una buena perspectiva para equilibrar la terminología técnica, junto con ejemplos y anécdotas.

Finalmente, considera las diferencias culturales que pueda tener tu audiencia y que te convierten en un "extraño". Esto no solo se aplica de país a país; alguien en una ciudad diferente, puede tener una cultura completamente distinta a la tuya. Aprovechar esa cultura para entender las normas y el lenguaje, puede hacer que tu discurso sea mucho más interesante para la audiencia.

Prepararse para una Audiencia Específica

Entonces, digamos que tienes en mente una audiencia específica, una de la que conoces algunos detalles básicos y para la cual necesitas prepararte mientras elaboras tu discurso. ¿Y ahora qué?

Primero, indaga con antelación si puedes; intenta contactar a la persona que organiza el evento y ver si sabe algo sobre la audiencia o sus expectativas. Esto te proporcionará una base para comenzar tu investigación. Además, si sabes que estarás presentando a una empresa o persona específica, investígala de antemano.

Si no puedes investigar sobre la audiencia, podría ser una buena idea saludarlos en la puerta si es posible. Al hacerlo, puedes socializar y aprender más sobre ellos, lo que te permitirá usar esa información dentro de tu discurso para hacer ajustes sobre la marcha.

También podría ser útil que estés familiarizado con la disposición de la sala en la que te vas a presentar. Puede que no parezca importante ahora, pero trata de ver el escenario, la sala de reuniones u otra área con anticipación. Al familiarizarte con el espacio, puedes asegurarte de cómo organizar mejor las ayudas visuales e interactuar con la audiencia, dependiendo del tamaño del espacio.

Al incluir estos métodos en tu proceso de disposición del discurso, estarás en el camino correcto para una exposición convincente con la que tu audiencia pueda conectar.

ELEGIR UN TEMA

Desde el momento en que comienzas a organizar tu discurso, probablemente te preguntarás cómo exactamente vas a elegir un tema en torno al cual centrarlo. En esta etapa, la autenticidad es la clave brillante que sirve para abrir las puertas a un discurso increíble.

Si tienes total libertad sobre el discurso, la autenticidad provendrá de conectar el discurso con algo en lo que te sientas seguro.

Entonces, ¿cómo puedes asegurarte realmente de que el discurso tenga cierta alineación contigo y al mismo tiempo hable a tu audiencia de manera cautivadora? Lo creas o no, todo comienza con tus valores fundamentales. Antes de seleccionar un tema, tómate un tiempo para escribir tus valores fundamentales, incluso si no parecen relevantes para el discurso en absoluto. Algunos consejos para ayudarte a centrar tus valores fundamentales incluyen los siguientes:

- Considera a las personas que admiras. Ya sea Abraham Lincoln o tu madre, piensa en quién admiras y por qué sientes eso por ellos.

- Reflexiona sobre tus experiencias más significativas. Evalúa qué experiencias de vida han dejado una marca indeleble en tu memoria y por qué crees que es así.

- Escribe tantas ideas, filosofías o conceptos, como consideres esenciales. A partir de ahí, puedes consolidarlos en grupos o una oración central que exprese tus valores.

Una vez que hayas identificado tus valores fundamentales y destacado cuáles son innegociables, hay tres preguntas que debes hacerte antes de solidificar tu tema:

- **¿Cuánto sé sobre este tema?** Para dar un discurso impactante, tu audiencia debe considerarte creíble. Llegar con un cúmulo de conocimiento es la mejor manera de afirmar la credibilidad, y te ayudará si sabes previamente sobre el tema.

- **¿Es este un tema que me apasiona?** Alguien apasionado por un tema, dará un discurso mucho más emocionante que alguien a quien no le interesa. La pasión influye en todos los aspectos de tu presentación, sin duda.

- **¿Es algo que va a interesar a la audiencia?** Recuerda que tu discurso no es para ti; es para la audiencia. Si se trata de un tema que no les interesa, es probable que dejen de prestarte atención desde el principio.

Una vez que tengas todo en orden, puedes comenzar a seleccionar y consolidar un propósito y tema para el discurso. Cuando pensamos en el propósito de un discurso, la respuesta a la gran pregunta de "¿cuál es el punto?", se resume en tres posibles objetivos: persuadir, entretener o informar. Todo discurso caerá en una de esas tres opciones.

Tu propósito, y aislarlo desde el principio, es fundamental para tu discurso y su calidad. El propósito de un discurso no solo te ayuda a mantenerte más organizado, sino que también te da un objetivo central que puedes tratar de lograr al concluir tu exposición. Como resultado, la audiencia saldrá sintiendo que ha logrado o aprendido algo valioso.

ORGANIZAR TU TEMA

Después de seleccionar tu tema, es hora de exponer los puntos principales de tu discurso. El número perfecto de puntos principales para un discurso, no está grabado en piedra, aunque mantener un número bajo es una buena idea. Puede ser tentador presentar 15 puntos principales a una audiencia, pero entonces pueden sentirse abrumados y la información no se quedará grabada. Por lo tanto, un formato excelente para seguir, es tener tres puntos principales, con evidencia y una refutación para cada uno, lo que te permitirá abordar posibles objeciones antes de que sucedan.

Al mismo tiempo, tus puntos principales no deben parecer desconectados; debes encontrar unidad entre ellos. Al hacerlo, le proporcionarás a tu discurso un nivel inolvidable de cohesión al cual podrás regresar continuamente con tu audiencia, y así lograr en ellos un mayor impacto.

Además necesitarás un delicado equilibrio entre los puntos expuestos. Mientras mantienes tus puntos principales distintos, también debes equilibrar cada uno y hablar de ellos de manera equitativa. Algunos oradores se enfocan tanto en su punto favorito que descuidan los otros, lo que puede decepcionar a la audiencia.

También es recomendable usar una estructura paralela dentro de los puntos de tu discurso. La estructura paralela, o paralelismo, es una herramienta poderosa en la redacción de discursos que mejora la claridad y el ritmo, y puede hacer que tu mensaje sea más memorable. Implica usar el mismo patrón de palabras para mostrar que dos o más ideas tienen el mismo nivel de importancia. Esto se puede lograr comenzando cada cláusula o frase con la misma parte del discurso, manteniendo el mismo tiempo verbal o asegurando que los sustantivos, verbos y modificadores se utilicen de manera consistente.

Por ejemplo, considera un discurso sobre los beneficios de la sostenibilidad ambiental. Para emplear la estructura paralela de manera efectiva, podrías organizar tus puntos así:

"Sostenibilidad ambiental:

1. Preserva nuestros recursos naturales para las generaciones futuras,

2. Promueve la biodiversidad y la abundancia de vida silvestre, y

3. Fomenta la autosuficiencia y reduce la dependencia de la energía no renovable."

Cada punto comienza con un verbo en tiempo presente, creando un ritmo agradable que refuerza la cohesión del mensaje. Cuando los puntos en un discurso se reflejan de esta manera, la repetición hace que el contenido sea más atractivo y más fácil de seguir y recordar para la audiencia.

En contraste, sin una estructura paralela, los puntos pueden sentirse desconectados:

"La sostenibilidad ambiental es importante porque:

1. Preserva nuestros recursos para las generaciones futuras,

2. Mantener la biodiversidad en abundancia es otra razón, y

3. También aumenta nuestra autosuficiencia."

La falta de consistencia en el formato, puede hacer que el discurso sea más complicado de seguir y debilitar el impacto de tus palabras. Al alinear la estructura de tus oraciones, guías a tu audiencia a través de tus puntos con un ritmo claro y firme que refuerza tu mensaje. Usa la estructura paralela para darle a tu discurso un ritmo que resuene con tu audiencia, haciendo que tu mensaje se escuche, se sienta y se recuerde.

PERFECCIONANDO LAS AYUDAS VISUALES

Anteriormente, mencioné lo útiles que pueden ser las ayudas visuales para atraer a una audiencia a concentrarse en tu discurso. Ahora, quiero investigar esto más a fondo y presentar algunas ideas geniales en este aspecto.

Nuevamente, no todos los discursos *necesitan* una ayuda visual, sin embargo, esta puede ser muy útil tanto para ti como para la audiencia, al seguir la *historia* de tu discurso. La narración visual es una habilidad valiosa para cualquiera que busque sobresalir en la oratoria. Sin embargo, ¿qué es exactamente la narración visual? Como su nombre lo indica, la narración visual implica el uso de ayudas visuales, señales y gestos para transportar a la audiencia a un mundo propio, uno donde tú tienes el control.

Podrías pensar que las ayudas visuales solo se presentan en forma de gráficos aburridos y presentaciones de PowerPoint monótonas, pero ese no es el caso en absoluto. Cuando dominas el arte de la narración visual, te das cuenta de que es un mundo entero de oportunidades esperando a ser explorado. De hecho, la narración visual es versátil y se presenta en muchas formas que pueden llevar tu discurso al siguiente nivel.

La narración visual trasciende los límites de la narrativa tradicional, al incorporar elementos ópticos que atraen y cautivan a la audiencia. Al dar un discurso, debes adaptar estos principios al escenario. Esta adaptación implica usar gestos, accesorios o ayudas visuales para crear una experiencia sensorial que complemente la palabra hablada. Al hacerlo, construyes una narrativa convincente que proyecta una historia vívidamente en la imaginación del oyente, fomentando una conexión memorable e impactante.

Además, nunca debes olvidar los datos, especialmente en presentaciones o propuestas. Tu audiencia no querrá escuchar cada estadística sobre lo que vendes u ofreces. Sin embargo, algunos diagramas convincentes que lo hagan claro y visualmente comprensible, pueden dejar una huella en los miembros de la audiencia. Nada describe tanto una "presentación exitosa", cómo una audiencia impresionada por algunos simples datos.

Las ayudas visuales también pueden perfeccionarse al enfocarte en mostrar, en lugar de solo narrar. Piénsalo: si un presentador te dice que tienes cinco veces menos probabilidades de tener un accidente usando su nueva tecnología de automóviles, en comparación con la de un competidor, ¡eso es bueno!. Pero si te muestran la evidencia a través de gráficos o diagramas, incluidos videos de las características de seguridad, han llevado su discurso de bueno a excelente. Por lo tanto, agregar un componente visual a tu discurso —uno que sea lógico y relevante— puede marcar la diferencia en la calidad de tu presentación.

Mientras trabajas en la disposición de tu discurso, recuerda que los elementos visuales son mucho más que lo que aparece en una pantalla. Vivimos en un mundo visual y en un mundo abundante en tecnología, lo que significa que no tienes excusa para *no* aprovecharla.

Muchas cosas pueden desempeñar un papel en la narración visual, desde lo que colocas en la pantalla, hasta los folletos que entregas a la audiencia, e incluso cómo te vistes. ¡Nunca tengas miedo de usar tus recursos y no dudes en ser creativo! ¡Tu audiencia lo apreciará!

ELEMENTO INTERACTIVO: DISEÑO DE AYUDAS VISUALES

Instrucciones

Esta actividad se centra en ayudarte a crear una ayuda visual para un evento, como un discurso o brindis de boda. Siéntete libre de seguir los pasos o adaptar la actividad a tus necesidades para cualquier discurso. Las instrucciones son las siguientes:

1. **Reúne información esencial** sobre la boda, la pareja y el lugar, antes de crear tu ayuda visual. Esto incluye detalles sobre la historia de amor de la pareja, el tema de la boda y cualquier elemento significativo que desees resaltar.

2. **Selecciona un momento o escena clave** de la historia de amor de la pareja para destacarla en tu ayuda visual. Podría ser su primer encuentro, una cita memorable o la propuesta de boda. Asegúrate de que este momento tenga un significado emocional.

3. **Escribe una narrativa** que describa el momento elegido con detalles vívidos. Usa un lenguaje descriptivo para dejar una huella

memorable en la mente del oyente. Incluye detalles sensoriales como la apariencia, el aroma y la sensación de la escena. Esta narrativa será el corazón de tu ayuda visual.

4. **Diseña los elementos visuales** que acompañarán tu narrativa. Estos pueden ser fotografías, ilustraciones o un gráfico simple que represente la escena. Asegúrate de que estos elementos mejoren la historia y ayuden a la audiencia a visualizar el momento.

5. **Elige fuentes y colores** que complementen el tema de la boda y la emoción que deseas transmitir. Las fuentes de escritura elegante y los colores suaves y pasteles, suelen funcionar bien para ayudas visuales relacionadas con bodas.

6. **Considera el diseño de tu ayuda visual.** Organiza la narrativa y los elementos visuales de una manera estéticamente atractiva. Puedes usar una herramienta de diseño digital o crear un collage físico, dependiendo de tus preferencias y habilidades.

7. **Incorpora mensajes personalizados y citas** que se relacionen con la pareja y el momento que estás enmarcando. Estos pueden ser palabras de aliento, buenos deseos o citas de amor famosas que resuenen con la escena.

8. **Revisa** tu ayuda visual y narrativa para asegurar claridad, gramática y el impacto emocional. Asegúrate de que todo fluya bien y evoque las emociones deseadas.

9. **Practica tu brindis de boda con la ayuda visual** asegurándote de que encaje perfectamente en tu discurso. Ajusta tu entrega según sea necesario para sincronizar con los elementos visuales.

10. **Durante el brindis de boda,** muestra tu ayuda visual con con-

fianza. Al llegar a la parte de tu discurso relacionada con la escena enmarcada, involucra a la audiencia refiriéndote a la ayuda visual. Habla desde el corazón y permite que la narrativa y los elementos visuales realcen el impacto emocional de tu brindis.

¡Y voilà! Tienes una ayuda visual convincente que puedes usar en tu discurso y un formato a seguir para crear imágenes de apoyo para cualquier evento.

Conclusión

John Ford dijo, "PUEDES HABLAR BIEN SI TU LENGUA PUEDE ENTREGAR EL MENSAJE DE TU CORAZÓN." Con esas palabras en mente, encuentra tus valores, alinea el propósito de tu discurso e inspírate a hablar con más confianza, preparando todo lo que puedas con los ocho simples pasos de este capítulo: planificar, elegir un tema, compilar tu contenido, organizar el contenido, escribir la introducción, planificar tus ayudas visuales, trabajar en la redacción y luego ensayar. Algunos de esos pasos, por supuesto, merecen algunos consejos profundos. Así que, dicho esto, veamos cómo puedes crear tu secreto al estilo de Aristóteles con la comunicación y el ensayo.

TU OPINIÓN IMPORTA

"Si volviera a la universidad, me concentraría en dos áreas: aprender a escribir y a hablar ante una audiencia. Nada en la vida es más importante que la capacidad de comunicarse eficazmente."

— GERALD R. FORD

Espero que a estas alturas estés entusiasmado con la oportunidad de abrazar la brillantez en la oratoria, aprovechando los cinco secretos retóricos de Aristóteles. Antiguas pero más oportunas que nunca, estas técnicas son testimonio de la naturaleza inmutable de la comunicación efectiva. Llegar a tu audiencia y causar un gran impacto se trata, en última instancia, de ver la oratoria como la experiencia transformadora que realmente es.

¿Cuántas veces en tu vida has luchado por hacer que tu voz se escuche o por hacer conexiones auténticas con las personas? Cuando te piden dar un discurso en público, es una oportunidad única; una ventana dorada para compartir un mensaje sobre algo por lo que ya sientes pasión y conocimiento, y hay una audiencia allá afuera que está ansiosa por ser entretenida e informada; una que quiere escuchar tu historia, reír, sentir y descubrir contigo.

Mencioné que alrededor del 75% de las personas temen hablar en público, pensando que carecen de un talento o don innato. Sin embargo, como encontraron Zauderer y otros investigadores, el 90% de la ansiedad al hablar en público, proviene simplemente de no estar preparado. Y espero que hasta ahora hayas podido observar, que factores tales como la autenticidad y la vulnerabilidad, cualidades que todos compartimos, pueden ayudarte a causar un gran impacto en tu audiencia.

Si este libro te está ayudando a expresarte, a dar los pasos necesarios para eliminar la ansiedad social y a elaborar tu discurso con detalles vívidos, entonces espero que puedas compartir tu entusiasmo con otros lectores.

Al dejar una breve reseña en Amazon, puedes hacer saber a otros que los grandes oradores no nacen, se hacen.

Tus palabras los animarán e impulsarán a practicar las habilidades que necesitan para expresar su corazón y mente, ante una audiencia que también anhela hacer conexiones emocionales e intelectuales.

¡Escanea el código QR para dejar una reseña rápida!

Hazle saber a alguien más, que no tiene que temer pararse en un podio y compartir quién es. La autenticidad lo es todo cuando deseas ser escuchado, y a su vez, escuchar lo que otros tienen que decir.

Nota: Si el código QR no funciona, por favor visita el marketplace de Amazon donde compraste el libro, por ejemplo: Amazon España. Desplázate hasta el final de la página del producto del libro y haz clic en 'Escribe una opinión de cliente' para dejar tu opinión manualmente. ¡Gracias por tu apoyo!

<u>5</u>

ESTILO: LA SINFONÍA DEL DISCURSO

I magínate en un concierto. La música comienza y la sala se llena con una diversa gama de sonidos de la orquesta. Los potentes tambores, el suave susurro de la flauta y la rica melodía del violín, todos se mezclan para crear una sinfonía armoniosa. Ahora, transponemos esta orquesta al escenario de la oratoria, donde tu voz interpreta todos los instrumentos. Puede susurrar, retumbar y llevar una melodía; aprender a manipular tus elementos vocales, es como dominar el arte de dirigir una sinfonía.

El tercer elemento de Aristóteles consiste en dominar tu voz y elegir hablar con tu estilo.

LOS FUNDAMENTOS DEL ESTILO

Antes de elegir tu estilo, necesitamos profundizar en los fundamentos del propio estilo. De hecho, echemos un vistazo a algunos antecedentes que debes tener en cuenta.

Nuevamente, el estilo es el tercer canon de la retórica de Aristóteles. Pero, ¿qué es exactamente? En pocas palabras, el estilo se refiere a qué tan bien transmites tu discurso. Se trata de lo que dices, cómo lo dices y la calidad de esa entrega.

Por ejemplo, observa los dos ejemplos a continuación, donde cada orador utiliza su estilo único:

- El **Orador 1** sube al escenario y saluda a la audiencia antes de comenzar con un análisis técnico de una investigación. Aunque la investigación es relevante para el tema, este discurso se dirige a un grupo de consumidores, no a profesionales del campo. Se marchan confundidos e incluso se sienten estúpidos debido a las presunciones del discurso.

- El **Orador 2** sube al escenario y habla con la misma audiencia, pero enfatiza la pasión y la convicción. Las palabras de este orador parecen tener importancia personal, y cualquier término técnico es explicado. El discurso sigue un flujo lógico, solo incluyendo términos técnicos o análisis cuando surge de manera natural.

Si vieras a esos dos oradores en el escenario y fueras parte de esa audiencia, es probable que confiaras en el Orador 2. Sin embargo, también hay casos donde se prefiere al Orador 1. Por eso el estilo es tan importante; tu estilo ayuda a la audiencia a conectarse contigo y puede definir si confían en ti o no.

Por Qué Tu Estilo Importa

Honestamente, no puedo enfatizar lo suficiente cuánto importa tu estilo, pero estoy seguro de que todavía te preguntas por qué es así. Bueno, más allá de simplemente lucir mejor frente a una audiencia, el estilo importa por dos razones clave:

1. Tu estilo importa porque pueden ocurrir malentendidos y conflictos si contrasta fuertemente con el de la audiencia.

2. Tu estilo importa porque informa el contexto de tus ayudas visuales y otros factores discutidos en el Capítulo 4.

Si no dedicas tiempo a perfeccionar tu estilo, no podrás dar un discurso que impresione y asombre.

Diferentes Estilos para Explorar

Antes de embarcarte en encontrar o crear tu estilo, deberías tomarte el tiempo para explorar algunos de los ya establecidos y cómo se ven. Esto te permitirá considerar cuál de ellos se adapta mejor a tu personalidad y al propósito de tu discurso. A continuación, se presentan algunos estilos diferentes que podrías considerar emular:

- **El estilo de maestro.** Cuando encarnas un estilo de enseñanza, tu objetivo es instruir y explicar. Con un contenido sobresaliente y la necesidad de comprimirlo en un tiempo asignado, debes equilibrar tu capacidad para conectar con el público con la información perspicaz que ofreces. Piensa en un maestro que no logra mantener a su clase cautivada; esta es una lucha común para ellos, cuando se trata de estilo. Para ser un gran maestro, uno debe centrarse en la información y la conexión.

- **El estilo motivador.** Alguien que encarna el estilo motivador tiene como objetivo inspirar el cambio. Su principal deseo es que quienes los escuchan tomen acción. El estilo motivador, como su nombre lo indica, es inherentemente alentador. Sin embargo, aquellos que adoptan este estilo, a menudo tienden a perder energía a medida que avanza el discurso. Esto es algo que se debe tener en cuenta.

- **El estilo de narrador.** Uno de los estilos más populares, los narradores utilizan la emoción para conectar con el público. Este estilo es tan popular porque ha sido la voz de muchos grandes oradores a lo largo de la historia, lo cual es un testimonio de su efectividad. Tener un punto claro y enfocado es clave para lograr el éxito. Mantente en el camino y brillarás como el oro.

- **El estilo visionario.** Finalmente, tenemos el estilo visionario: alguien que imagina un mundo mejor, junto con el papel que puede desempeñar la audiencia para hacer realidad ese sueño. Los visionarios persuaden al público a ver un cambio que aún no existe, facilitando así una transformación real. El principal inconveniente de este estilo, es que muchos oradores no son claros en *cómo* lograr ese cambio, y la audiencia puede darse cuenta.

Estos estilos pueden adaptarse para satisfacer tus necesidades y el propósito específico de un discurso. Incluso puedes mezclar métodos para alcanzar objetivos puntuales.

Estilos a Evitar

A pesar de todos esos estilos intrigantes que se mencionaron, aún hay algunos que deberías *evitar* a toda costa, cada uno a su manera particular. Por ejemplo, echa un vistazo a los siguientes estilos de los que deberías evitar caer en la trampa:

- **El estilo pasivo.** Si el estilo de tu discurso parece demasiado pasivo, la audiencia puede que no te tome en serio debido a tu falta de asertividad.

- **El estilo agresivo.** Si entras en el discurso de forma agresiva, es probable que ofendas a tu audiencia.

- **El estilo pasivo-agresivo.** Mezclando los estilos pasivo y agresivo, este tono no sienta bien con el público; parece no comprometido y desinteresado.

- **El estilo excesivamente asertivo.** Como sugiere el nombre, este estilo puede parecer prepotente, y por lo tanto, desanimar a la audiencia.

Elige tu estilo antes de enfocarte en cualquier otra cosa. Luego, el contexto, las ayudas visuales, el lenguaje corporal y el tono, seguirán lo que sabes que los cuatro estilos ofrecen.

DESARROLLANDO LA COMUNICACIÓN

Ahora que hemos cubierto todos los estilos que puedes elegir (y los que debes evitar a toda costa), es hora de ver cómo puedes desarrollar tus habilidades de comunicación usando tu estilo seleccionado como trampolín.

Primero lo primero, y aunque ya lo he mencionado antes, vale la pena repetirlo: **no memorices tu discurso palabra por palabra.** En serio. Puedo decir con confianza que entrar a un discurso con todo memorizado es uno de los peores errores que puedes cometer. En lugar de memorizar todo lo que quieres decir, llega preparado con tarjetas de apoyo o un guión básico de tu discurso. Esto permite una mezcla perfecta de espontaneidad e interacción con la audiencia.

Además, **no apresures tu discurso.** Una de las peores sensaciones del mundo es terminar tu discurso sintiéndote seguro, solo para descubrir que aún te quedan 15 minutos por llenar. ¿La solución? Asegúrate de tomarte tu tiempo durante el discurso, envolviendo completamente a tu audiencia con tu introducción antes de expandirte en tus puntos principales. Entre esto y tus rondas de práctica, seguro llenarás el tiempo de manera adecuada.

Otra habilidad vital de comunicación es **entender cuándo la atención de tu audiencia comienza a desvanecerse.** Si tu audiencia empieza a cansarse mientras te adentras en el núcleo de tu discurso, recuerda que puede que no sea nada personal. El promedio de la atención se está haciendo cada vez más corto, por lo que debes llegar preparado con contenido que anime el discurso mientras lo presentas.

Comunicarte y seguir estos consejos, puede allanar el camino hacia un excelente término al mantenerte confiado y ceñirte a tus puntos principales. Apegarte al esquema predeterminado que has hecho, ayudará a que tu discurso sea coherente, mientras que ser espontáneo y llevar un ritmo relajado, enfatizará aún más que eres un orador creíble a los ojos de tu audiencia.

Además, sería útil que te propongas usar un lenguaje *inclusivo*. Si bien puede que no te identifiques como alguien que lo necesita o usa todos los días, nunca sabes quién en tu audiencia podría agradecértelo. Al hacerlo, puedes ganarte aún más el respeto de la audiencia. Algunas formas comunes de evitar la exclusión involuntaria incluyen:

- **Usa términos y pronombres neutrales en cuanto al género cuando sea posible.** Por ejemplo, suponer que solo los hombres realizarán un trabajo específico o que las mujeres deben encajar en otros roles, puede ser ofensivo y molesto para la audiencia. Sé consciente de tus términos y cómo se pueden evitar los roles de género.

- **Emplea una terminología amigable a nivel internacional y racialmente inclusiva.** Por ejemplo, referirse a personas no blancas como "personas de color" es más adecuado que otros términos desactualizados, y sin duda, ayudará a que la audiencia se sienta respetada.

- **Evita estereotipos sobre el público.** Los estereotipos pueden basarse en raza, edad, género, sexualidad u otras identidades, y nunca son una buena opción.

Practica usar un lenguaje inclusivo antes de subir al escenario para asegurarte de que fluya naturalmente en tu vocabulario. ¡El lenguaje inclusivo no debería sonar forzado!

LENGUAJE CORPORAL

Asegúrate de prestar especial atención a tu lenguaje corporal. Tu lenguaje corporal transmite mensajes más allá de lo que dices con la boca. Cruzar los brazos y tener un podio que te bloquee todo el tiempo, te hace parecer cerrado, mientras que enfrentar al público con los brazos naturalmente a los costados dice: *"Estoy seguro y listo para hablar contigo,"* haciendo que la comunicación sea bidireccional.

Para que el lenguaje corporal adecuado te salga de forma natural, asegúrate de ensayar adoptando las posturas correctas. Ensaya con una postura relajada, que incluya mantener los brazos a los costados o hacer gestos apropiados. Y hablando de gestos, puedes enfatizar aún más tu discurso con gestos sutiles. De hecho, tocarte el corazón de forma empática durante momentos emotivos, por ejemplo, puede influir sutilmente en el público para que crean tus palabras.

Algo que puede ayudarte con tu lenguaje corporal, es practicar los siguientes seis movimientos básicos para un discurso, de esta manera:

1. **Postura.** Mantén una postura neutral con los hombros hacia atrás y relajados, los brazos sin cruzar y fuera de los bolsillos, y tu cuerpo frente al público. Tu postura al estar de pie, es como una presentación silenciosa. Comunica mucho sobre tu confianza, credibilidad y apertura.

   ◦ **Postura Sentado.** Puede haber situaciones en las que debas hablar mientras estás sentado, como durante un panel de discusión o una entrevista. En tales escenarios, mantener una buena postura es crucial. Siéntate derecho con los pies planos en el suelo, la espalda apoyada en la silla y los hombros relajados. Inclínate ligeramente hacia adelante cuando hables para mostrar interés y compromiso. Una buena postura al sentarse puede hacer que parezcas más profesional, seguro y comprometido, mejorando la efectividad de tu discurso.

2. **Respiración.** Es fácil que tu respiración se vuelva agitada en el escenario; utiliza una respiración relajada para asegurarte de poder proyectar tu voz y hacer pausas para enfatizar puntos importantes.

3. **Gestos.** Usa gestos con las manos para enfatizar y puntuar lo que estás diciendo, y varía los gestos para mantener la atención de tu audiencia. Además, si cambias una diapositiva de PowerPoint, mírala brevemente. Esto le indica a tu audiencia que haga lo mismo.

4. **Los Ojos.** Los ojos suelen considerarse las ventanas del alma. En la oratoria, el contacto visual puede abrir una ventana de conexión entre tú y tu audiencia, haciendo que tu discurso sea más personal, atractivo e impactante. Profundicemos en el papel del contacto visual en la comunicación efectiva.

   ○ **Contacto Visual.** Haz contacto visual mirando de un rostro a otro y observando a la multitud. Es un saludo no verbal que dice: *"Te veo, te reconozco y valoro tu presencia."* Ayuda a establecer una conexión personal con tu audiencia, haciéndola sentir vista y comprometida. Tan importante como mantener el contacto visual, es saber cuándo romperlo. Un contacto visual constante e ininterrumpido puede parecer intimidante o incómodo para tu audiencia.

○ **Contacto Visual con Audiencias Grandes.** Mantener el contacto visual con una audiencia grande puede parecer intimidante. La clave es hacer que cada individuo se sienta visto e incluido. Logra esto dividiendo la audiencia en secciones y alternando tu mirada entre ellas. Mira a una persona en una sección, luego cambia tu mirada a una persona en otra sección. Esto crea una sensación de inclusión y compromiso con toda la audiencia, haciendo que tu discurso sea más impactante y atractivo.

○ **Levantar las Cejas.** Imagina que estás compartiendo una noticia emocionante con un amigo y sus cejas se levantan sorprendidas. Este pequeño movimiento puede transmitir su sorpresa más efectivamente que las palabras. Levantar las cejas puede expresar sorpresa, interés o curiosidad al hablar.

○ **Entrecerrar los Ojos.** Entrecerrar los ojos es una expresión facial a menudo asociada con el escepticismo, la incredulidad o una reflexión profunda. En los discursos, entrecerrar los ojos en el momento adecuado puede transmitir a tu audiencia que estás pensando profundamente o cuestionando algo.

5. **Movimiento.** Asegúrate de moverte por el espacio que tienes para tu presentación; cuando se usa de manera efectiva, el movimiento puede agregar dinamismo a tu discurso. Caminar por el escenario puede ayudarte a interactuar con diferentes secciones de tu audiencia, mientras que moverte hacia el público puede crear una sensación de intimidad y compromiso. Sin embargo, el desplazamiento sin rumbo o los movimientos nerviosos, pueden distraer y transmitir nerviosismo. Si decides moverte, hazlo con propósito y elegancia.

6. **Expresión facial.** ¡Asegúrate de sonreír! Piensa en un momento en que te recibieron con una sonrisa cálida y genuina. Probablemente sentiste una sensación de calidez y positividad. Una sonrisa es un signo universal de felicidad y amabilidad. En la oratoria, sonreír puede hacer que parezcas más accesible, seguro y entusiasta.

   ○ **Fruncir el ceño.** Fruncir el ceño puede expresar una variedad de emociones, desde preocupación y confusión, hasta desacuerdo y desagrado. En la oratoria, fruncir el ceño puede señalar a tu audiencia que algo es serio, preocupante o merece su atención.

Cuando tomas el tiempo y la paciencia para desarrollar tus habilidades de comunicación para un discurso, notarás mejoras significativas en tu confianza y en el compromiso de tu audiencia.

MEJORA TU VOZ

En la gran sinfonía del discurso público, tu voz es tu instrumento más poderoso. Puede susurrar como la brisa, rugir como el océano o resonar como un tambor. Cada elemento desempeña un papel único en la creación de la melodía de tu discurso. Al entender y manipular estos elementos, puedes dirigir tu sinfonía con habilidad y destreza, cautivando a tu audiencia y haciendo que tu discurso sea una actuación memorable.

Comienza enfocándote en tu velocidad. Lo más probable es que hables mucho más rápido que lento, lo que les ocurre a muchas personas nerviosas. Una forma de encontrar un buen ritmo es elegir un fragmento de texto de aproximadamente 150 palabras. Asegúrate de que te lleve más de un minuto recitar ese pasaje; esta es la velocidad a la que la mayoría de la gente puede escuchar y retener la información cómodamente.

Además, la velocidad a la que hablas puede influir en cómo se recibe tu mensaje. Hablar rápidamente puede transmitir emoción, urgencia o pasión. Hablar lentamente puede enfatizar puntos importantes, crear suspenso o dar a tu audiencia tiempo para absorber información compleja. Al controlar tu velocidad, puedes guiar la atención de tu audiencia, mejorar la comprensión y controlar el ritmo de tu discurso.

A continuación, asegúrate de que tu pronunciación sea clara. Todos tenemos algún tipo de acento, y algunas personas tienden a murmurar cuando hablan más rápido o están nerviosas. Mientras practicas, toma nota de las palabras que tiendes a unir o en las que tropiezas, o donde se manifiesta un acento regional. Luego, si planeas usar estas palabras, practica pronunciarlas de forma más clara. Además, asegúrate de poder pronunciar correctamente cualquier término técnico para la audiencia.

Ahora, imagina que estás en una cafetería escuchando dos conversaciones. En una mesa, la voz de una mujer transmite sarcasmo cuando dice: *"Buen trabajo, de verdad."* En otra, la voz de un hombre rebosa entusiasmo genuino al exclamar: *"¡Buen trabajo, de verdad!."* Las mismas palabras pero significados completamente diferentes comunicados a través del tono.

En el discurso público, tu tono es el matiz emocional que da forma al significado de tus palabras. Es la diferencia entre *"Estoy bien,"* dicho con un tono alegre, y *"Estoy bien,"* dicho con un tono resignado. Tu tono puede expresar una variedad de emociones, desde entusiasmo y seriedad, hasta tristeza. Al variar tu tono para que coincida con tu mensaje, puedes hacer que tu discurso sea más atractivo y emocionalmente resonante.

Esto nos lleva al tono de voz. ¿Alguna vez has escuchado el chirrido de los frenos de un coche o el profundo retumbar de un trueno? El tono alto del chirrido y el tono bajo del trueno son difíciles de ignorar. El tono de voz, ya sea alto o bajo, juega un papel crucial en el discurso público. Un tono alto puede transmitir emoción, urgencia o entusiasmo, mientras que un tono bajo puede sugerir autoridad, calma o seriedad. Al variar tu tono, puedes enfatizar puntos clave, expresar diferentes emociones y mantener la atención de tu audiencia. Así como una canción utiliza una variedad de tonos para crear una melodía, un discurso que usa una variedad de tonos puede ser más atractivo e impactante.

Finalmente, el fragmentado y las pausas son otras habilidades importantes. Recuerda cómo mencioné antes que puedes usar pausas cronometradas para enfatizar lo que estás diciendo. Eso es cierto, pero ayuda mucho si tomas el tiempo para agrupar lo que dices en bloques lógicos y luego hacer una pausa, enfatizando un grupo de información relacionada. Pausar después de hacer un punto o una declaración impactante, funciona mejor que hacerlo en medio de una explicación.

Usar pausas estratégicas es como usar puntuación en la escritura. Así como un punto indica el final de una oración y prepara al lector para la siguiente, una pausa señala la conclusión de una idea y prepara a tu audiencia para la próxima. Al dominar el arte de las pausas estratégicas, puedes mejorar la claridad, el énfasis y el ritmo de tu discurso.

Intenta grabarte mientras ensayas para ayudarte a identificar dónde podría haber margen de mejora en tu discurso. Al principio puede sentirse incómodo, pero al escuchar la grabación, podrás encontrar áreas del discurso que podrían ser confusas, torpes o que podrían mejorarse antes de dar el discurso real.

La modulación de la voz es como el pincel en la mano de un artista. Te permite agregar color, profundidad y textura al lienzo de tu discurso. Con las técnicas adecuadas, puedes entrenar tu voz para que sea más flexible, expresiva e impactante. Exploremos algunas técnicas para ayudarte a perfeccionar tus habilidades de modulación de voz y formas de calentar antes de salir al escenario.

Puedes hacer esto practicando algunos ejercicios vocales y repasando tu discurso una última vez antes de salir. Si estás interesado en ejercicios vocales para probar, considera los siguientes:

- **El ejercicio del sinsentido.** Durante aproximadamente un minuto, imagina que estás dando tu discurso, pero habla lo primero que se te ocurra. En lugar de concentrarte en el contenido, usa este tiempo para prestar atención a la velocidad, la modulación y otros aspectos de tu voz.

- **Ejercicios de canto.** Cantar es una forma natural de ejercitar la modulación de tu voz. Ayuda a mejorar tu rango vocal, el control del tono y el ritmo, mientras calientas tus cuerdas vocales. Canta junto a una canción que te guste, prestando atención a cómo modulas tu voz para ajustarla a la melodía. Practica diferentes tipos de canciones para desafiar tu rango vocal y control.

- **Trabalenguas.** Los trabalenguas son el equivalente verbal de una carrera de obstáculos. Desafían tu articulación, velocidad y pronunciación, convirtiéndolos en una excelente herramienta para mejorar la modulación de tu voz. Practica diciendo trabalenguas lentamente al principio, enfocándote en una articulación clara. Luego, aumenta gradualmente la velocidad mientras mantienes la claridad. Este ejercicio puede ayudarte a mejorar la pronunciación, el control de la velocidad y la agilidad vocal, además calentará tu voz justo antes de un discurso.

- **Leer en voz alta.** Leer en voz alta es como un entrenamiento para tu voz. Elige un texto, ya sea un libro, un artículo de periódico o un guión, y léelo en voz alta. Presta atención a cómo utilizas tu voz para transmitir el significado del texto.

Centrarte en tu voz te da ese toque especial para optimizar verdaderamente tu discurso. Dedica tiempo a estos ejercicios y observa cómo tu voz se transforma de un mero sonido en una sinfonía que cautiva a tu audiencia y resuena mucho después de que la última palabra haya sido pronunciada.

ELEMENTO INTERACTIVO: DISCURSO SIN MULETILLAS

Instrucciones

Las muletillas son la peor pesadilla de una audiencia que vino por un discurso elocuente. Usa el siguiente ejercicio para ayudarte a liberarte de las garras de las palabras y frases de relleno en solo 60 segundos:

1. Elige un tema simple sobre el que puedas hablar durante un minuto completo. Podría ser una anécdota personal, una breve descripción de un pasatiempo o una reseña de tu libro o película favorita.

2. Usa un temporizador o cronómetro para limitarte a 60 segundos. Esta restricción te alentará a ser conciso.

3. Párate frente a un espejo, manteniendo una buena postura y haciendo contacto visual contigo mismo.

4. Comienza a hablar sobre el tema elegido. Enfócate en transmitir un mensaje claro y coherente sin usar muletillas. Habla a un ritmo constante.

5. En lugar de usar muletillas, practica insertar breves pausas cuando

necesites recoger tus pensamientos. Las pausas son mucho más efectivas para mantener tu flujo que las muletillas.

6. Mientras hablas, presta atención a tu reflejo en el espejo. Si te sorprendes usando una muletilla, reinicia el temporizador y continúa desde donde te quedaste.

Realiza este ejercicio varias veces con diferentes temas para aumentar tu confianza y mejorar tu capacidad de hablar sin muletillas. También es una buena idea grabarte mientras haces este ejercicio, ya que esto te permitirá reflexionar sobre lo que ve la cámara, no solo sobre lo que recuerdas. Después de cada sesión de práctica, reflexiona sobre tu progreso e identifica las áreas donde tiendes a usar muletillas. Concéntrate en mejorar esas áreas durante tu próxima práctica.

Conclusión

Oprah Winfrey dijo: "LA GRAN COMUNICACIÓN COMIENZA CON LA CONEXIÓN." La forma en que te comunicas con tu audiencia lo es todo y te ayudará a tener más confianza y a ofrecer discursos memorables. Hablando de memoria, es hora de ver cómo puedes captar la atención de la sala, mantenerla y dejar una impresión duradera.

6

MEMORIA: EL PLAN PARA UNA AUDIENCIA COMPROMETIDA

¿ Sabías que el promedio de atención de una audiencia es solo de seis a ocho minutos (31 Fear of Public Speaking Statistics (Prevalence), n.d.)? Captar la atención de una audiencia puede ser un desafío, ya sea que se trate de tu familia, amigos, inversionistas o empleador. Necesitas habilidades para captar y mantener su atención para dar un discurso impactante. Por lo tanto, este capítulo te ayudará a descubrir tus habilidades cautivadoras, incluso si eres un orador nervioso.

ELEMENTOS PARA MANTENER A UNA AUDIENCIA COMPROMETIDA

No basta con saber cómo hablarle a una audiencia; también necesitas saber cómo mantenerla cautivada. Por lo tanto, antes de que puedas dominar verdaderamente el arte de involucrar a una audiencia y asegurarte de que tu discurso siga siendo fresco, aprendamos algunos datos cruciales sobre el compromiso del público.

Aristóteles sabía que tenía que involucrar a la audiencia para activar su memoria y mantenerla cautivada. Para él, esta idea era tan clara como el agua: una audiencia que no estuviera comprometida no podría prestar atención a lo que él decía, olvidando sus palabras tan rápido como las pronunciaba. De aquí proviene el conocimiento de que ensayar es una de las claves; previene que tropieces demasiado, convirtiéndote en un orador más convincente. Sin embargo, la magia detrás de la captación no se detiene ahí.

La clave es que no puedes mantener a una audiencia comprometida sin primero capturar el corazón de su atención. ¿Cómo se supone que haces eso? ¡A través de tu introducción, por supuesto! Contrario a la creencia popular, puedes considerar la introducción de tu discurso como la parte *central* del mismo. Durante tu introducción, tienes la oportunidad de cautivar o perder a la audiencia. Por lo tanto, es vital comenzar con algo que capture su atención al instante.

El impulso es tu mejor amigo para mantener a la audiencia al borde de sus asientos. Este hará que tu discurso fluya, permitiendo que el interés de tu audiencia suba y baje de forma natural; justo cuando creen que has terminado, les das otro punto de interés y comienzas el proceso de nuevo. Hay muchas formas de emplear el impulso en tu discurso, pero una de las mejores formas de hacerlo es utilizando ¡el humor!

Así que, para resumir los elementos clave para mantener a una audiencia comprometida, necesitas tres componentes fundamentales: ensayar, capturar su atención y generar impulso. Combinados, estos tres elementos demuestran tu confianza y te ayudan a involucrar al público manteniendo su atención. Ahora que sabes lo que se requiere, veamos cómo puedes trabajar en el desarrollo de esas habilidades.

CÓMO MANTENER A UNA AUDIENCIA COMPROMETIDA

Una audiencia desconectada es la peor pesadilla para un orador, incluso para los más experimentados. Hablar ante una audiencia que está desinteresada, con cabezas cayendo en un leve sueño, puede ser desalentador. ¡Has pasado tanto tiempo preparándote solo para que la audiencia se duerma a mitad del discurso! Qué mortificante. Veamos cómo puedes mantener a tu audiencia perfectamente comprometida para que esta pesadilla no se haga realidad.

Lo he mencionado antes, pero tu audiencia no se interesará en un discurso sobre un tema que no les importe. Así de simple. Si tienes la opción de elegir sobre qué trata tu discurso, absolutamente no puedes saltarte el adaptarlo a la audiencia. De hecho, debes tener en cuenta los intereses, la experiencia y el conocimiento de tu audiencia mientras te preparas. Incluso cuando no puedas elegir el tema del discurso, ¡aún puedes adaptarlo!

Adaptar tu discurso a la audiencia no tiene que parecer una batalla cuesta arriba. Algunas formas de hacerlo incluyen las siguientes:

- **Define términos.** Proporciona una definición si crees que hay un término que la audiencia podría no conocer, especialmente si es técnico o científico. Al mismo tiempo, no definas términos básicos que tu audiencia probablemente ya domine; hacerlo puede parecer condescendiente.

- **Usa anécdotas.** Las anécdotas son historias que puedes dispersar a lo largo de tu discurso. Intenta incluir en tu discurso historias y personajes que sean familiares para la audiencia, permitiendo que se identifiquen con tus palabras.

- **Haz que las estadísticas importen.** Para ti, las estadísticas pueden tener perfecto sentido en el contexto de lo que estás diciendo. Sin embargo, tu audiencia podría no sentir lo mismo. Así que utiliza estadísticas en contexto, incluso haciendo comparaciones para darles más significado.

Además, puedes ayudar a construir el interés y la conexión en un discurso interactuando antes de que comience. Socializa con la audiencia e inicia pequeñas conversaciones con las personas presentes. Luego, cuando subas al escenario, los miembros de la audiencia se sentirán atraídos hacia ti, pensando: "¡Wow, hablé con esa persona antes! Veamos qué tiene que decir."

Otro consejo para mantener a la audiencia comprometida, es usar el humor. Sé tú mismo cuando uses el humor. Incluso el humor seco puede funcionar si se entrega de manera auténtica. No solo la risa reduce el estrés, sino que un chiste bien contado puede cautivar a la audiencia y ayudar a que se relacione más contigo. Al mismo tiempo, equilibra el humor con un tono más serio y evita palabras o frases ofensivas o cuestionables. Una vez más, ofender a la audiencia nunca es el camino a seguir.

También puedes utilizar datos sorprendentes o interesantes para captar la atención de la audiencia. Dentro del campo específico en el que te estés presentando, ya sea un brindis o el lanzamiento de un producto, seguramente habrá datos llamativos o artículos de noticias que puedas compartir. Esto no sólo dirigirá la atención de la audiencia hacia ti desde el primer momento, sino que también ayudará a contextualizar un poco más tu discurso.

Además, sería prudente incluir interacción en tu discurso. Las audiencias no pueden ignorar tus palabras si genuinamente se sienten parte del discurso. Menciona que se incluirá una sesión de preguntas y respuestas, e intenta incluir puntos únicos de participación de la audiencia dentro de tu discurso para hacerlo más emocionante para todos los involucrados.

Por mucho que puedas añadir a un discurso para mantener a la audiencia interesada, también hay formas de hablar que pueden desalentar a una audiencia, llevándola a desconectarse. Uno de los principales culpables de la falta de interés, es el uso de muletillas. Si alguna vez has escuchado a un orador cuyo discurso estaba lleno de palabras como *"este"*, *"eh"*, *"bueno"*, o *"sabes"*, entonces entiendes lo vital que es eliminar las muletillas. No aportan nada, y sin importar la razón por la que las uses, pueden dar una impresión de falta de preparación. Así que trata de eliminar estas muletillas de tu discurso tanto como sea posible, revisando la actividad del Capítulo 5 para ayudarte.

Por último, trata de añadir puntos clave a tu discurso antes de pasar a las partes más significativas. Esto es especialmente útil si usas el enfoque de maestro mencionado antes. Incluir puntos clave, mantiene el contenido fresco en la mente de los miembros de la audiencia.

CONSTRUYENDO EL IMPULSO PERFECTO

Ahora que tienes algunos consejos para mantener a la audiencia comprometida, debes enfocarte en construir el impulso perfecto. Hacer crecer el discurso desde cero es la mejor manera de mantenerlo emocionante, creando anticipación y entusiasmo a medida que avanzas. ¿Cómo exactamente puedes trabajar para construir un impulso impecable?

Para construir el impulso de tu discurso, primero debes entender lo que esto significa. Crear impulso se refiere a usar señales visuales o verbales para continuar guiando a tu audiencia a lo largo del discurso. Piensa en construir un muñeco de nieve; enrollas la nieve en una bola, y esa bola se hace más y más grande hasta que, ¡boom!, tienes un muñeco de nieve terminado. Un discurso es justo así; el impulso te ayuda a hacer que la audiencia transicione de un tema a otro. En esencia, el impulso es significativo porque da fuerza al discurso y apoya sus transiciones.

En ese sentido, las transiciones son de suma importancia. Deben ser fluidas pero perceptibles. Las transiciones deben ser atractivas y señalar que el tema está cambiando, y también deben usarse para unir el contenido. Algunos ejemplos de transiciones incluyen:

- **Usar ayudas visuales.** Por ejemplo, no te limites a usar una presentación de PowerPoint; incluye gráficos, objetos físicos y más. Esto mantiene a la audiencia interesada y les ayuda a comprender mejor el flujo del discurso.

- **Fomentar la conversación.** En lugar de hacer que la audiencia te escuche todo el tiempo, anímalos a hablar entre sí y luego a compartir ideas. Esto permite un descanso en la escucha y más participación.

- **Usar videos.** Un video corto puede dividir fragmentos más grandes de tu discurso y hacerlo más digerible, así como incluir exhibiciones visuales de datos o acciones que describas en tu discurso.

Siguiendo estos pasos y utilizando transiciones efectivas, tu discurso fluirá sin problemas, manteniendo a la audiencia conectada de principio a fin.

Puedes hacer un discurso impresionante, que acumule impulso y compromiso, como una bola de nieve, al ensayar para realizar transiciones adecuadas.

Hablando de bolas de nieve, así como se acumulan de pequeñas a grandes, así debería hacerlo tu discurso. Comienza con los chistes y temas más pequeños antes de avanzar gradualmente hacia temas y bromas más complejos. Esto le da a tu audiencia tiempo para adaptarse al tema y les ayuda a construir anticipación mientras hablas.

Si no lo has notado hasta ahora, la anticipación es vital para construir el impulso. También puedes crear esta anticipación haciendo pausas entre transiciones y temas. Hacer pausas durante un discurso es una gran manera de enfatizar la exposición—*literalmente.* Una pausa sirve como un signo de puntuación vocal para ayudar a los oyentes a completar una idea, lo que significa que hacer pausas entre transiciones puede ser genial para construir impulso hacia el siguiente punto central.

Ser tú mismo es, aunque no lo creas, otra forma espectacular de construir impulso en un discurso. Nadie quiere escuchar a un orador que claramente no es genuino o que pretende ser alguien que no es. Por eso, es esencial ser uno mismo. Piensa en ti como un personaje porque, para tu audiencia, lo eres. Entonces, ¿cómo desarrollarías la evolución de tu personaje naturalmente mientras usas el discurso como catalizador?

Para mantener tu impulso y permitir que la audiencia siga el brillante ritmo de tu discurso, no debes temer salirte del guión. Puedes planificar, ensayar y volver a planificar tu discurso innumerables veces, pero puede sorprenderte que los momentos fuera del guión son los que realmente catapultan tu discurso hacia la grandeza. Por lo tanto, debes permitirte ser natural e *improvisar* si tu discurso lo requiere en nombre del impulso.

A medida que avanzas y esperas construir un verdadero impulso a lo largo de tu discurso, no olvides el poder de contar historias. Usa la narración para aportar personalidad, ya que te permite reflejar tu estilo mientras compartes información con el público. Por ejemplo, podrías usar una narrativa que se vincule a lo largo de todos tus puntos, alcanzando finalmente una conclusión sorprendente. Esta es solo una técnica que emplea la narración para el éxito del impulso, y la recomiendo mucho.

También ayuda a mantener tu discurso si haces preguntas a los oyentes. Tu audiencia puede que no sepa qué responder, y es posible que tampoco sepa hacia dónde se dirige el discurso. Pero si empiezas a hacer preguntas, los deja con la anticipación de una respuesta. Las buenas preguntas para incluir son aquellas que exploran la solución de un problema, por ejemplo, ¿cómo sabemos lo que sabemos? o, los efectos que una cosa puede tener sobre otra.

Estos métodos son formas brillantes de construir impulso, pero ¿y si quieres algo más sutil? Una de las tácticas más valiosas que puedes aprender es la **construcción de ideas**, donde permites que un punto, idea o concepto, comience pequeño y luego crezca a lo largo del discurso. Esta es una buena táctica de impulso, porque involucra a la audiencia haciéndole sentir que ha jugado un papel activo en el desarrollo del discurso.

Ahora, al final de tu exposición, lo que hagas con todo el impulso que has acumulado es vital. No puedes simplemente entusiasmar a la audiencia, solo para decepcionarlos en tu conclusión. Entonces, ¿cómo usas el impulso sabiamente? Hay un par de maneras en que puedes hacerlo. Una de las mejores formas es con un **llamado a la acción.**

Un llamado a la acción es una declaración, a menudo al final de un trabajo, discurso o documento persuasivo, que anima a los asistentes a tomar medidas alineadas con el contenido del discurso. Por ejemplo, un llamado a la acción sobre el lanzamiento de un nuevo asiento para automóvil podría sonar como: *"las opciones están claras; hay una marca que realmente se interesa en la seguridad y la comodidad que tu bebé necesita para un óptimo viaje en automóvil. No dejes que esta oportunidad pase de largo."*

Sin embargo, tu llamado a la acción no tiene que convencer a alguien de comprar o hacer algo. Puedes animarlos a hacer preguntas, llevar un mensaje consigo o, de otra manera, sentirse impulsados por tus palabras. De hecho, un llamado a la acción no tiene que parecer exigente. Sea lo que sea con lo que elijas terminar tu discurso, debe ser poderoso y aprovechar el impulso que has acumulado.

MANEJANDO DESAFÍOS A MITAD DEL DISCURSO

Por mucho que nos gustaría que nuestros discursos salieran bien, sin desafíos, obviamente eso no es siempre lo que sucede. A veces, te harán preguntas difíciles que son trampas para las cuales no podrías haberte preparado; otras veces, subirás al escenario frente a una audiencia reactiva, y no habrá nada que puedas hacer para cambiar eso.

Cuando esto sucede, puedes sentirte desanimado, y francamente, asustado al estar en una posición vulnerable frente a una audiencia. ¿Qué debes hacer en una situación como esta? La buena noticia es que hay soluciones y formas de transitar este escenario, y ahora compartiré algunas contigo.

Antes de iniciar tu discurso, asegúrate de que la audiencia sepa que las preguntas son bienvenidas. Haz que se sientan cómodos preguntándote cualquier cosa, y hazlo con confianza y humildad. Podrías pensar que es una mala idea dar la bienvenida a preguntas desde el principio, pero al hacerlo logras algunas cosas. De hecho, tú:

- Disuades a las personas de intentar sorprenderte intencional-mente, porque a veces esas personas groseras existen.

- Pacificas a una audiencia reactiva, dejándole ver que no eres una persona arrogante y ambiciosa, al mostrarles que estás abierto y presente para su beneficio.

- Implica que aunque tu discurso sea lo mejor posible, nada es perfecto. Esto hace que la audiencia sea más indulgente contigo al demostrar que anticipas preguntas, lo que te convierte en un orador más creíble.

Entonces, a pesar de lo que podrías haber pensado antes, invitar a las preguntas al comienzo de un discurso, es una buena práctica.

Naturalmente, dado que estás invitando a la audiencia a hacer preguntas sobre el contenido de tu discurso, también deberías anticipar esas preguntas. Considera a la audiencia y su trasfondo, mientras revisas tus puntos principales, ayudas visuales y otros componentes de tu discurso. Si estuvieras sentado en esa multitud y vinieras del mismo trasfondo, ¿qué preguntas podrías hacerle al orador? Anticipar estas preguntas y planificar tus respuestas previamente, es una excelente manera de evitar tropezar en el escenario.

También es una buena idea intentar ver las preguntas entrantes de manera positiva. Cuando alguien te hace una pregunta, te brinda formas de mejorar tu discurso en el futuro. Si tienes que repetir la misma exposición más adelante, puedes incluir esas respuestas en tu presentación; si no, sabrás qué tipo de preguntas esperar que te hagan en el futuro.

Por supuesto, las partes más preocupantes de tu discurso, las que realmente te ponen nervioso o te hacen tropezar, pueden no provenir de las preguntas. Tal vez provengan de la audiencia; después de todo, no siempre tenemos la fortuna de contar con una audiencia respetuosa y receptiva. Cuando tienes un público áspero, inquietante, que no está dispuesto a escuchar o simplemente reacciona a todo lo que parece salir de tu boca, hay algunas tácticas que pueden hacer que el discurso sea más fácil para ti.

Por ejemplo, es una buena idea asegurarte de mantener el contacto visual con el público. Lo he mencionado antes, pero es imperativo hacer esto con una audiencia resistente, ¡piensa en asambleas de escuela secundaria! No se trata solo del contacto visual en sí; más bien, estos tipos de audiencias notarán tu mirada esquiva, proyectándote como un orador débil.

También es prudente, si tu audiencia hace una pregunta, asegurarte realmente de comprender su pregunta o punto. Recuerda: ¡puedes hacer preguntas aunque seas el orador! Antes de lanzarte a una respuesta apasionada, asegúrate de saber qué es lo que necesitas responder; de lo contrario, corres el riesgo de hacer el ridículo frente a una audiencia que puede no ser indulgente.

Además, si tu público te hace una pregunta o interrumpe, tómate el tiempo para validar lo que han dicho. Muchos oradores pueden parecer despectivos cuando responden preguntas o comentarios; evita hacer esto para extender respeto a la audiencia y aumentar tu credibilidad.

Quiero asegurarme de que estés más preparado que nunca para manejar estos desafíos a mitad del discurso, demostrando a la audiencia y a ti mismo que hablas en serio. Además de lo mencionado anteriormente, haz tu mejor esfuerzo para mantener la calma. Ellos pueden notar si te estás alterando; y si están ahí para provocarte o molestarte, usarán eso a su favor.

Además, ten en cuenta que puedes ser *honesto*. Si no estás seguro de una respuesta, esfuérzate por ser sincero con tu audiencia. Hazles saber que no estás seguro de la respuesta, pero que sin duda dedicarás tiempo para ampliar tu conocimiento. Y, por supuesto, asegúrate de que sepan que realmente aprecias la pregunta. Esto previene la hostilidad mientras demuestra que está bien no saberlo todo, evitando la propagación de información errónea.

Ahora, hagas lo que hagas, evita hacer ataques, ya sean directos o pasivos, hacia la audiencia. Incluso si tienes el público más antipático del mundo, responder groseramente elimina tu credibilidad como orador. Más allá de eso, pondrá cualquier parte neutral de tu discurso en tu contra y podrá incluso evitar que te vuelvan a invitar como orador.

A lo largo del discurso, te recomiendo repasar con la audiencia algún punto que haya podido generar dudas. Es más probable que un público se vuelva volátil si permanece confundido durante grandes partes de tu exposición. Por lo tanto, en lugar de permitir que esta confusión crezca, consulta a la audiencia si tienen alguna pregunta durante el discurso, y nuevamente, sé receptivo a esas preguntas también.

Por último, haz tu mejor esfuerzo para terminar el discurso de manera positiva, incluso si el desarrollo del mismo no fue el mejor. Además, esto significa que no debes terminar en una nota negativa. Los últimos momentos de tu discurso son los que van a quedarse en la mente de la audiencia. Terminar de manera positiva demuestra que eres un buen orador; por otro lado, dejar que el pesimismo tome el control hacia el final de tu exposición, invitará a que anulen todo lo que dijiste.

ELEMENTO INTERACTIVO: CONSTRUCTOR DE IMPULSO DE 10 MINUTOS

Instrucciones

En solo diez minutos a la semana, puedes dominar el proceso de construir impulso en un discurso. Aquí te explico cómo:

1. Encuentra un espacio tranquilo y cómodo donde no te interrumpan y despeja tu mente. Ajusta un temporizador para diez minutos antes de comenzar. Harás un borrador simulado de un discurso, ayudándote a ganar confianza en tu dominio del impulso.

2. Elige un tema que te interese y que se ajuste al contexto de un discurso corto. Puede ser cualquier cosa, desde un pasatiempo, hasta un tema sobre el que estés aprendiendo.

3. En un minuto, escribe la apertura de tu discurso. Esto debe ser una proclamación que llame la atención o una pregunta provocadora relacionada con tu tema.

4. En el minuto siguiente, escribe una breve introducción que proporcione contexto para tu tema. Explica por qué es relevante o importante.

5. En el minuto después de eso, enumera los puntos principales o ideas clave que deseas cubrir en tu discurso. Estos son los bloques de construcción de tu discurso.

6. En los siguientes dos minutos, anota una o dos frases para cada punto principal, explicándolos o expandiéndolos brevemente. Escribe una frase de transición que conecte tu introducción con tu primer punto principal de manera fluida.

7. Termina escribiendo una frase de conclusión que conecte tus puntos principales y deje una impresión memorable.

8. Con cinco minutos restantes, comienza a hablar en voz alta tu discurso. Enfócate en la articulación, claridad y mantener un ritmo constante.

9. Dentro del discurso, practica construir impulso. Enfócate en la transición de tu primer punto, al segundo, comenzando desde la introducción y construyendo el impulso a medida que avanzas, culminando con tu conclusión.

10. Después de que se apague el temporizador, tómate un momento para reflexionar sobre tu práctica. ¿Qué salió bien y qué podría mejorarse?

Si te lleva más de diez minutos la primera vez, no te preocupes; sigue practicando hasta que domines esta habilidad.

Conclusión

Leslie Stephen dijo, "LA ÚNICA MANERA EN QUE UN SER HUMANO PUEDE INTENTAR INFLUENCIAR A OTRO, ES ANIMÁNDOLO A PENSAR POR SÍ MISMO; EN LUGAR DE INTENTAR INCULCARLE OPINIONES PREFABRICADAS EN LA CABEZA."

No puedes mantener la atención de tu audiencia por completo sin involucrarlos, construir impulso y cautivarlos con historias increíbles, hechos o ayudas visuales. Intenta practicar los métodos que descubriste en este capítulo, y una vez que te sientas seguro, será el momento de pasar a la etapa final antes de que todo se una: la entrega.

7

ENTREGA: EL ARTE DE DOMINAR LA PERSUASIÓN CON PNL

D escubre los secretos para atraer a tu audiencia, influir en sus pensamientos y acciones, y entregar un discurso que deje un impacto duradero. En este capítulo, aprenderás cómo conectar con tu audiencia al abordar sus miedos y utilizar tácticas simples para persuadirlos. Y eso no es todo: también dominarás el último elemento del marco de Aristóteles: **la entrega.** Con una narración poderosa, psicología y trucos ingeniosos, aprenderás cómo entregar tu discurso con confianza, incluso si comienzas sintiéndote nervioso. Llevemos tus habilidades de oratoria al siguiente nivel.

TODO SOBRE LA NARRACIÓN

Incluso el discurso más cautivador puede sonar monótono si se entrega sin pasión. ¿Por qué es eso? Es debido a la *narración*: las palabras que dices y *cómo* las dices. No te equivoques, estos elementos juegan un papel enorme en cuanto a lo que tu audiencia retiene de tu discurso. Es como cocinar: si le das los mejores ingredientes a alguien que podría quemar agua, no se convertirá en un chef experto, ¿verdad?

Por eso, es fundamental entregar tu discurso con confianza. Aristóteles concluyó que la entrega era el último canon de la retórica para llevar una exposición de "buena" a "extraordinaria", y ahora exploraremos justamente eso. A través de estos métodos, lograrás influir y persuadir a tu audiencia, permitiéndote dominar tu narración como un experto.

Ahora bien, parece bastante simple, pero ¿qué implica realmente la entrega? Sencillo, la entrega de un discurso involucra lenguaje corporal, tono y narración. Estos tres aspectos son muy significativos e inseparables. En capítulos anteriores, ya dominaste el tono y el lenguaje corporal; ahora es momento de enfocarnos en la habilidad de la narración para lograr una entrega impecable.

Tal vez recuerdes la palabra "narración" de tus clases de literatura en la escuela, pero si no, ¡no hay problema! Definida, esta se refiere a las elecciones que haces en un discurso para expresar algo. Por ejemplo, podrías decir, *"El avión voló sobre la escuela"*, pero esa frase mejor narrada sería algo como, *"Un enorme avión surcó el cielo implacablemente sobre la escuela,"* añadiendo así muchas implicaciones sobre el tamaño, la forma e incluso la habilidad del piloto, todo gracias a la narrativa.

Esto demuestra como una buena narración puede beneficiar tu discurso. Pero, más allá de proporcionar una imagen más vívida para la audiencia, ¿cuáles son los beneficios de una buena narrativa? Veamos algunos de ellos:

- **Un tono que respalde tu propósito.** La narración contribuye enormemente al tono de un discurso. Al hacer uso de ella, puedes cambiar el contexto de un discurso, desde una conversación casual hasta un informe científico. Por lo tanto, la narración también es crucial porque ayuda a asegurar que tu discurso sea adecuado para el contexto.

- **Apoyo al entorno.** Te ayuda a fomentar credibilidad y otros elementos basados en el "entorno". Cuando haces elecciones apropiadas de narración, no tienes que preocuparte por si la audiencia tiene suficiente contexto.

- **Establecimiento de una voz narrativa.** La narración te ayuda a establecer una voz central para la historia que estás contando en el marco de tu discurso. Esto ayuda a que la audiencia te vea de manera consistente, positiva y creíble mientras presentas.

Como puedes ver, la narración es una herramienta invaluable para llevar tu exposición al siguiente nivel, aportando persuasión y confianza.

Algo que muchos desconocen, es que existen ocho tipos diferentes de narración, entre los cuales podrás elegir al considerar cómo elevar tu discurso. Estos ocho tipos de narración son los siguientes:

1. **Narración formal.** Implica el uso de un lenguaje elevado o sofisticado. No utilizarás la jerga si necesitas una narrativa formal. Además, la sintaxis —la estructura en la que se forman tus oraciones— tiende a ser mucho más compleja en contextos de narración formal, y esta suele ser más adecuada para asuntos profesionales o legales.

2. **Narración informal.** Suele adoptar una forma más conversacional. Es el lenguaje de la comunicación general, la que normalmente usamos en la vida cotidiana. La narración informal es valorada por su capacidad para ofrecer un mayor nivel de libertad a escritores y oradores por igual, lo que significa que tus brindis de boda o discursos informales pueden beneficiarse de un aire más relajado.

3. **Narración meticulosa.** Implica ser altamente académico o detallado en las elecciones de lenguaje. Por lo general, alguien que usa una narración meticulosa, elige la mayoría de las palabras con cuidado, elaborando cada una para que contenga un amplio significado. Obviamente, este estilo se presta mejor para escritos y discursos más formales.

4. **Narración coloquial.** Emplea el lenguaje regional para añadir

vivacidad y dimensión a una obra. Integra la cultura en ciertos aspectos, pero no fuerces la narración coloquial en tu discurso si no fluye de manera espontánea.

5. **Narración en jerga.** Como su nombre indica, la narración en jerga utiliza términos de argot. Esto suele hacerse para romper la formalidad, si encaja de manera natural en el tono de tu discurso y si estás tratando de conectar con la audiencia.

6. **Narración abstracta.** Ocurre cuando en lugar de describir escenas o situaciones de forma detallada y tangible, te enfocas en transmitir sensaciones, conceptos o reflexiones de una manera que puede ser menos directa o menos figurativa.

7. **Narración concreta.** Utiliza palabras en su sentido literal y a menudo emplea un lenguaje que apela a los cinco sentidos. Esto puede ayudar a que los discursos se comprendan de manera más precisa y sin lugar a interpretaciones abiertas debido a la naturaleza detallada y específica de la elección de palabras.

8. **Narración poética.** Implica el uso de palabras líricas que reflejan un tema central, y aunque esta forma de narración se usa comúnmente en poesía o literatura, puedes encontrar espacios específicos para ella en un discurso.

La narración que desees usar en tu discurso dependerá del propósito, la audiencia y el contexto. Incluso puedes mezclar diferentes formas de narrativa para lograr un tono peculiar y perfecto para tu discurso.

Introducción a La Programación Neurolingüística

Ahora es momento de hablar de algo llamado: Programación Neurolingüística. También conocida como PNL, la Programación Neurolingüística puede ser una herramienta y habilidad valiosa en el contexto de un discurso. Probablemente te estás preguntando qué es la Programación Neurolingüística y cómo se relaciona con la narración, así que permíteme aclararlo.

La Programación Neurolingüística es un enfoque pseudocientífico de la comunicación, el desarrollo personal y la psicoterapia. La teoría de la PNL propone que existe una conexión entre los procesos neurológicos, el lenguaje y los patrones de comportamiento aprendidos a través de la experiencia, que pueden modificarse para lograr objetivos específicos en la vida.

La Programación Neurolingüística puede mejorar la comunicación y la conexión en tus discursos. Revisemos cómo se aplican los principios de la PNL en el arte de hablar en público:

1. **Establecimiento de empatía:** La PNL enfatiza la importancia de conectar con la audiencia. Puedes usar técnicas como el lenguaje corporal, el tono y el ritmo para crear un sentido de empatía y conexión con el público.

2. **Sensibilidad sensorial:** Debes estar muy atento a las reacciones de tu audiencia. Prestando atención a las señales no verbales, como las expresiones faciales, los gestos y las posturas, puedes medir los niveles de conexión de tu audiencia y luego ajustar tu discurso, velocidad, volumen, tono o incluso estilo para mantener a la audiencia involucrada.

3. **Sistemas representacionales:** Las personas perciben el mundo utilizando sus sistemas sensoriales principales: visual, auditivo, kinestésico, olfativo y gustativo (VAKOG). Tus discursos deben incorporar un lenguaje que apele a todos estos sentidos para hacerlos más vívidos y memorables. Por ejemplo, puedes usar lenguaje visual para crear una imagen, lenguaje auditivo para evocar sonidos y lenguaje kinestésico para expresar emociones.

4. **Anclaje:** Esta técnica de la PNL crea un patrón de estímulo-respuesta que puede activarse a voluntad. Por ejemplo, podrías utilizar un gesto específico, una ubicación física en el escenario o una frase para anclar ciertas emociones en la audiencia, como entusiasmo o calma, que refuercen tu mensaje.

5. **Metamodelo:** El metamodelo de la PNL es una herramienta para comprender y aclarar el lenguaje. Deberías usarlo para elaborar mensajes claros, concisos y específicos, reduciendo la ambigüedad y aumentando el impacto de tu discurso. Por ejemplo, imagina que has recibido una pregunta de la audiencia. El metamodelo implica hacer preguntas específicas para descubrir detalles ocultos por omisiones (información faltante), generalizaciones (afirmaciones amplias) y distorsiones (suposiciones presentadas como hechos); fomenta un lenguaje preciso. Si alguien dice, *"Estoy atascado,"* preguntarle: *"¿De qué manera estás atascado?"* puede llevar a una conversación más productiva y un entendimiento claro de la motivación detrás de la frase.

6. **Modelo de Milton:** A diferencia del metamodelo, el modelo de Milton usa un lenguaje deliberadamente vago y metafórico, para permitir que los oyentes llenen los espacios con sus propias experiencias e interpretaciones, haciendo el discurso más comprensible y persuasivo. Puedes usarlo en tus exposiciones para entrelazar

historias y sugerir ideas que resuenen a nivel personal con tu audiencia, permitiendo una experiencia más inclusiva y atractiva.

7. **Reformulación:** Se trata de cambiar el marco de referencia de una situación o declaración particular, para darle un significado diferente. En tu discurso, esto puede ser útil para superar objeciones, presentar perspectivas alternativas o convertir desafíos en oportunidades, simplemente reformulando la idea en algo positivo o neutral.

8. **Interrupción de patrones:** Esta técnica rompe el patrón de expectativa de la audiencia, recupera su atención o cambia la dirección de la interacción. Para usar esta técnica, podrías emplear humor, silencio o una declaración que invite a la reflexión como una interrupción del patrón del discurso. Alternativamente, si ves que tu audiencia se está distrayendo, haz una pausa y da una palmada fuerte. ¡Todos los ojos estarán nuevamente sobre ti!

9. **Comandos embebidos:** Son comandos indirectos colocados dentro de una oración más larga, diseñados para pasar por alto la mente consciente y hablar directamente al subconsciente. Pueden dirigir sutilmente a la audiencia hacia una acción o respuesta deseada. Por ejemplo, *"A medida que empiezas a relajarte, nota cómo puedes 'dejar ir' la tensión"* embebe (introduce) el comando "dejar ir" dentro de un mensaje calmante. Al dar discursos, el uso de comandos embebidos puede guiar sutilmente a la audiencia hacia acciones o emociones deseadas. Es eficaz para que los oradores resalten sus puntos clave usando un tono distintivo, una pausa o un gesto, señalando así al subconsciente que preste atención a ciertas frases sin hacer el comando explícito.

10. **Narración de historias:** Estas pueden ser una forma poderosa de

transmitir un mensaje. Las historias estructuradas con las técnicas anteriores, pueden usarse para resonar con los valores y creencias de la audiencia, haciendo que tus puntos sean más persuasivos.

Existen tantos matices, detalles y subtemas, que se han escrito libros enteros sobre la PNL. Aquí, quise introducir el tema y resaltar conceptos clave que puedes empezar a incorporar en tus discursos hoy mismo. Algunas personas creen que la PNL como método, es bastante manipulador. La herramienta de la PNL en sí misma no es una táctica de manipulación. Al final, la motivación al utilizarlo, será lo que determine si es manipulación.

Cuando utilices la programación neurolingüística en tu discurso, asegúrate de tu intención. Aunque ciertamente puede ser una herramienta poderosa, en las manos equivocadas, la PNL puede ser algo muy negativo. Con este libro, pretendo enfocarme en el uso positivo de tal herramienta.

EL PODER DE LA PROGRAMACIÓN NEUROLINGÜÍSTICA

Con estas bases de la PNL establecidas, es momento de explorar cómo usar la PNL para construir conexión y confianza.

Reflejo (Rapport)

Una de las tácticas de programación neurolingüística más populares y efectivas es el "reflejo." El reflejo es una herramienta poderosa para ayudarte a generar empatía con tu audiencia. Esta habilidad se aplica principalmente al lenguaje corporal, por lo que es particularmente efectiva en discursos frente a audiencias más pequeñas o íntimas. Aun así, repasemos cómo puedes emplear el reflejo, y luego podrás decidir si encaja en el contexto de tu discurso o no.

Afortunadamente, la técnica de reflejo es una de las más fáciles de dominar. Se dice que la gran mayoría de la comunicación se transmite a través del lenguaje corporal, lo cual significa que, sin duda, es una ventaja que una técnica tan fácil provenga del lenguaje corporal. Con esta técnica, reflejarás tu lenguaje corporal para adaptarlo al de la audiencia. Por supuesto, no es sencillo reflejar a una multitud completa al mismo tiempo, razón por la cual dije que esto funciona mejor para grupos más íntimos. Sin embargo, podrías reflejar el lenguaje corporal de algunas personas clave, lo cual también funciona. Por ejemplo, podrías reflejar a tu jefe o a un miembro particularmente influyente de la audiencia.

Algunas ideas para hablar usando el reflejo incluyen las siguientes:

- Si se inclinan hacia adelante, inclínate tú también.

- Imita lo que hacen con sus brazos o piernas.

- Si asienten con la cabeza, sigue ese movimiento y asiente con ellos.

Si algún miembro de la audiencia tiene la oportunidad de hablar contigo durante tu discurso, también puedes reflejar su forma de hablar; seguir su estructura de discurso en paralelo es una excelente opción.

En el ámbito de la oratoria, el reflejo demuestra que estás en sintonía con la audiencia y que comprendes y empatizas con sus reacciones. Sin embargo, llevado al extremo, puede ser exagerado. Así que, equilibra esta técnica con tus movimientos corporales naturales.

Modelado

El modelado es otra técnica exitosa de la PNL que puedes emplear para tu beneficio. Es uno de los métodos más efectivos de la PNL para emprendedores y otros que buscan ganar éxito y confianza.

El modelado en la programación neurolingüística, es el proceso de replicar las habilidades de oradores excepcionales. Implica observar y mapear los comportamientos, patrones de pensamiento y creencias exitosas, de aquellos que sobresalen en un campo o actividad en particular para aprender cómo logran sus resultados. El objetivo es crear un "modelo" que puedas usar para lograr resultados similares.

Entonces, para involucrarte adecuadamente con el modelado, te recomiendo encontrar oradores —ya sea en persona o en línea— cuyo estilo de hablar te encante. Estudia su estilo, incluyendo la comunicación verbal y no verbal. Observa cómo se mueven y cómo se mantienen de pie. Su lenguaje corporal. Sus patrones de discurso y elección de palabras. Y toma nota de cualquier otra cosa que te gustaría emular. Luego, lleva tus notas a tu práctica. Al centrarte en la mejora, atraerás esa mejora hacia ti mismo gracias a que modelas tu trabajo con base en lo que consideraste exitoso en otros.

El modelado es una de las técnicas fundamentales de la PNL porque se basa en la premisa de que si alguien puede hacer algo bien, tú también puedes hacerlo a través de un modelado efectivo.

Visualización

La visualización es otra habilidad que coincide con la programación neurolingüística. Esta es más una técnica de ensayo que una técnica que usarás directamente con el público, pero lo que practicas durante el ensayo ciertamente se refleja en tu discurso frente a la audiencia. También llamado "ensayo mental," la visualización se posiciona como una de las habilidades más esenciales de la PNL debido a su efectividad.

Como mencionamos brevemente antes en el libro, el cerebro tiene dificultad para distinguir entre una visualización fuerte y la realidad. En ese sentido, la visualización consiste en entrenar efectivamente a tu cerebro para experimentar la realidad bajo una nueva luz. Suena un poco inverosímil, pero en realidad es bastante simple.

Vas a visualizarte en el escenario dando tu discurso, y esa imagen mental irradiará éxito perfecto. Esto va a convencerte a ti y a tu mente de que eres un orador victorioso, proyectando todo lo que necesitas para triunfar. Además, durante esta visualización, querrás imaginar tu lenguaje corporal, un lenguaje que comunique confianza y seguridad.

A partir de ahí, también querrás imaginar una comunicación clara y una receptividad positiva del público. Incluso repasar el discurso en tu mente es una excelente idea, lo cual puede mejorar aún más la visualización. Cuanto más practiques esto, más aumentará tu confianza.

Programación Neurolingüística y la Magia de las Afirmaciones Positivas

La próxima habilidad de la que quiero hablarte en PNL es el poder de las afirmaciones positivas. Son declaraciones que refuerzan tu seguridad y confianza en varios aspectos de tu vida, ayudándote a transformar tanto tu mente como tu cuerpo para sentir una confianza genuina. Para lograrlo, debes expresar lo que deseas con convicción, reprogramando tu mente para crear creencias fuertes. Esto implica unir tus pensamientos positivos con una postura que los respalde, como afirmar tu éxito mientras practicas.

¡Más sobre esto en el elemento interactivo al final del capítulo!

PNL y el Liderazgo de Pensamiento

Se cree que la programación neurolingüística mejora la confianza de una persona al potenciar sus habilidades de "liderazgo de pensamiento." Consiste en expresar ideas que demuestren tu credibilidad en un campo determinado. Este es un objetivo que muchas personas académicas, emprendedores y empleados en ciencias, valoran y buscan, y naturalmente, el liderazgo de pensamiento puede reforzar tu veracidad acerca del tema que expones.

La idea del liderazgo de pensamiento es que seas un líder el *pensamiento* de un tema particular. ¿Quién puede decir entonces que no puedes ser un líder de pensamiento en el área en la que estás exponiendo? ¡Nadie! Tú puedes serlo y proyectar credibilidad al encarnar tu confianza a través de los métodos de PNL.

Al mismo tiempo, intentar utilizar el liderazgo de pensamiento, significa enfocarte en tu experiencia. En serio—el liderazgo de pensamiento depende en gran medida de construir confianza y establecer una buena relación con la audiencia, en función de tu dominio del tema. No puedes ser líder en un área en la que careces de pericia. Dicho esto, lo ideal es exponer sobre una materia en la que tengas experiencia personal, profesional o académica.

En resumen, estas técnicas de PNL te convertirán en un orador más convincente. Desde las palabras que dices, hasta la postura de tu cuerpo, la audiencia percibirá incluso las señales más sutiles que emites. Esto significa que puedes prepararte intencionalmente para el éxito mediante el uso de técnicas de PNL. Ahora, ¡pasemos a la intersección entre la PNL y la narración, donde podrás hacer avances aún más exitosos!

USANDO LA PROGRAMACIÓN NEUROLINGÜÍS-TICA PARA LA PERSUASIÓN

Bien, primero, enfoquémonos en la conexión entre la programación neurolingüística y la narración por un momento. Las palabras que eliges y cómo las empleas, pueden coincidir significativamente con las tácticas de PNL que aprendiste en la última sección. Ahora, debemos centrarnos en cómo puedes usarlas para atraer a tu audiencia y hacer que te escuche mientras hablas.

Un método que puedes utilizar es apelar a los cinco sentidos en tu discurso. Con esto quiero decir que puedes usar un lenguaje que indique o influya en los sentidos. Entonces, en lugar de describir el aroma de una vela como *"olor a calabaza,"* por ejemplo, puedes intensificar la imagen y describirlo como un *"aroma ligero pero cremoso de calabaza con notas de canela y vainilla entrelazadas."* Esta última opción pinta una imagen más poderosa de cómo huele la vela, al tiempo que apela a otros sentidos.

También es una buena idea usar palabras que evoquen fuertes respuestas emocionales, para aplicar aún más las estrategias de PNL junto con la narración. Por ejemplo, siguiendo con la vela, podemos agregar que el aroma es *"de ensueño e ideal para disfrutar de la temporada otoñal,"* lo cual presenta la imagen del otoño como algo cálido e incluso, añade un toque de ambiente familiar (algo que muchas personas valoran, por supuesto). Puedes hacer lo mismo al describir varios conceptos en tu discurso.

Para elegir palabras persuasivas que den en el blanco y tengan una narración fuerte, primero debes saber cómo identificarlas. Generalmente, las reconoces por ser únicas, descriptivas por naturaleza, orientadas a la acción, o incluso, porque resultan sorprendentes. Estas palabras fuertes son una oportunidad para impactar a tu audiencia y captar su atención, sin importar su capacidad de concentración. Además, es importante recordar que las palabras provocan emociones específicas; úsalas para construir una conexión con tu público.

La narración también implica el uso de palabras y frases poderosas para introducir tus temas. Incluso si tu exposición está llena de excelentes opciones de palabras, puede arruinar el flujo de tu discurso si esas transiciones o frases introductorias, son aburridas o sin propósito. Algunas buenas formas de introducir un tema, incluyen una pregunta retórica o una declaración impactante. Ahora bien, las buenas preguntas retóricas son aquellas que proponen un beneficio al mismo tiempo, cómo: *"¿Qué pasaría si descubrieras que tienes todo lo que necesitas para crear la vida que siempre has soñado?"*

También debes entrar a tu discurso armado con palabras y frases poderosas que te ayuden a destacar un punto. Claro, tu discurso y sus diversos puntos, deberían ser lo suficientemente fuertes como para mantenerse por sí mismos, pero incluso el discurso más fuerte debe luchar contra el lapso de atención de ocho minutos. Las palabras y frases que incorporas en tu discurso, marcan la diferencia en lo fácil que es para tu audiencia mantener la atención. Algunas buenas maneras de modelar que estás reiterando, ampliando o reforzando un punto, incluyen palabras como *"por lo tanto"* o *"en otras palabras."*

Al mismo tiempo, las palabras que usas para respaldar tus puntos también deben ser fuertes. No basta con introducir el discurso de manera poderosa y apasionada; esa pasión debe extenderse a otras partes de tu exposición también. Para lograr esto, debes infundir tu vocabulario con frases como *"por ejemplo"* o *"es evidente que."* Además, no deberías reciclar las mismas dos o tres frases repetidamente. Después de usarse una o dos veces, una frase se desvanece en la mente de la audiencia; por lo tanto, debes estar preparado con una variedad de frases que te gusten.

Elige cuidadosamente tus **frases de transición únicas.** Por ejemplo:

- *"Con esto en mente..."*

- *"Pasemos a la idea de que..."*

- *"Ahora, consideremos el otro lado de la moneda..."*

- *"Como resultado..."*

- *"Para ilustrar..."*

Los términos y palabras poderosos deben entrelazarse a lo largo del discurso, por lo que es crucial tener palabras impactantes para cerrar tu exposición. Profundizaremos más en la conclusión de tu discurso en el Capítulo 8, pero por ahora, enfoquémonos en esos términos. Deberías intentar darle un toque especial a tus frases de cierre. *"En conclusión"* funciona, pero también puedes probar cosas como *"Si quieres ver resultados similares, entonces debes intentarlo tú mismo."* Esto también sirve como un llamado a la acción para inspirar a la audiencia.

Al final, es esencial asegurarse de combinar la programación neurolingüística junto con una narración fuerte, para dejar una impresión duradera en el público. Recuerda que tu narrativa debe ajustarse a tu propósito e intención, y al mismo tiempo, debe ser apropiada para el contexto en el que estás hablando.

ELEMENTO INTERACTIVO: USANDO PNL

Instrucciones

Ahora que has aprendido los fundamentos de la programación neurolingüística, echemos un vistazo a una actividad simple que puede ayudarte a dominar esas habilidades:

1. Ubica un espacio tranquilo donde puedas pararte frente a un espejo de cuerpo completo. Este ejercicio es más efectivo cuando puedes ver todo tu cuerpo.

2. Cierra los ojos por un momento y visualízate hablando con confianza frente a una audiencia comprometida y de apoyo. Imagina que estás erguido, hablando con claridad e irradiando confianza. Esto establece un marco mental positivo.

3. Abre los ojos y adopta una "postura de poder." Esto implica pararse derecho con los hombros hacia atrás, los pies a la altura de los hombros y las manos en las caderas. Esta postura no solo transmite confianza, sino que también la aumenta.

4. Mientras mantienes la postura de poder, mírate en el espejo y repite afirmaciones positivas sobre tus habilidades para hablar. Por ejemplo, di: *"Soy un orador seguro que domina el escenario. Me conecto con mi audiencia y entrego discursos que todos recuerdan."* Repite estas afirmaciones varias veces.

5. Continúa en tu postura de poder y practica la respiración profunda. Inhala profundamente por la nariz, expande el diafragma y exhala lentamente por la boca. Esto calma tus nervios y mejora el control vocal.

6. Cierra los ojos brevemente y visualiza una audiencia comprometida y de apoyo. Observa sus rostros sonrientes y siente la energía positiva en la sala. Esto crea una imagen mental de una audiencia receptiva.

7. Abre los ojos, y mientras mantienes la postura de poder, practica las primeras líneas de un discurso o presentación que desees mejorar. Enuncia con claridad y confianza.

8. Cierra los ojos y visualiza recibiendo comentarios positivos de tu audiencia. Imagina escuchar sus aplausos y vítores, verlos asintiendo en señal de acuerdo y sentir sus apretones de manos mientras te felicitan con elogios. Esto refuerza resultados positivos en tu mente.

9. Abre los ojos, vuelve a una postura neutral y tómate un momento para reflexionar sobre la confianza que has cultivado en este ejercicio. Permite que la confianza se impregne en ti.

10. Cierra el ejercicio afirmando que ahora estás mejor preparado para hablar con confianza. Cree en los cambios positivos que has creado a través de esta práctica.

11. ¡Repítelo con frecuencia!

Conclusión

Benjamin Franklin dijo: "SI QUIERES PERSUADIR, DEBES APELAR AL INTERÉS EN LUGAR DEL INTELECTO." Los intereses y la construcción de conexiones, te ayudarán a persuadir a las personas más eficazmente, que tratando de imponer tu experiencia u opiniones a quienes ya tienen las suyas propias. Una vez que sepas cómo utilizar las técnicas de este capítulo, podrás pasar a la etapa final: estructurar un discurso, ¡lo cual finalmente te mostrará cómo concluirlo adecuadamente!

8

LOS PASOS DE ARISTÓTELES
PARA DOMINAR EL DISCURSO:
UNIFICANDO TODO

Este capítulo final describe cómo crear tácticamente tu discurso a través de la sabiduría de Aristóteles, completando el círculo de los ocho pasos del Capítulo 4, que ahora incluirán el cierre de tu exposición. Aquí te he proporcionado un esquema que tiene como objetivo inspirarte a planificar cada parte de tu discurso, siguiendo los pasos necesarios y considerando los consejos, ensayos y ejercicios que aprendiste de cada uno de los secretos principales de Aristóteles.

PASO #1: QUIÉN ES TU AUDIENCIA

Volvamos a revisar y agregar a lo que dominaste anteriormente en el libro. Al embarcarte en este primer paso para esbozar tu discurso, la mayor parte de tu enfoque debe estar en la audiencia y en lo que necesita en esa ocasión particular. Después de todo, no querrás subir al escenario con un brindis, cuando en realidad deberías estar presentando los resultados trimestrales de una empresa.

Como se mencionó anteriormente, necesitas realmente tomarte el tiempo para analizar a tu audiencia. Comprender su contexto y necesidades —entre otras cosas— te permitirá refinar perfectamente tu exposición hacia lo que ellos requieren de ti, creando un discurso perfecto que fácilmente cautivará a todos. Al mismo tiempo, habrá ciertas expectativas que deberás verificar a lo largo del período de planificación del discurso. Asegúrate de no comenzar con expectativas poco realistas para tu audiencia. Las cosas que debes considerar al planificar tu discurso incluyen:

- ¿Quién es tu audiencia y por qué están aquí?

- ¿Cuánto sabe tu audiencia en particular sobre el tema?

- Si algún contexto social o cultural relevante influye en la recepción de la audiencia.

- ¿Cómo respondería normalmente esa audiencia a un tema similar?

- ¿Qué sería inapropiado en este contexto en particular?

Asegurarte de mantener en mente a la audiencia y sus necesidades desde el inicio de tu discurso, debe ser tu norte.

PASO #2: SELECCIONA TU TEMA O PROPÓSITO

No siempre te dirán sobre qué tienes que presentar específicamente; a veces, solo te dicen que tienes que hacer un discurso. Entonces, la responsabilidad recae en ti para elegir un tema o propósito relevante que la audiencia disfrute y capte su interés. Una regla general es que deberías poder condensar tu tema en una sola oración, llamada usualmente una **oración temática.**

Al formar tu tema o propósito para el discurso, también deberías intentar crear una declaración de tesis. Una declaración de tesis generalmente sigue el formato de *"[declaración de tesis] es verdadera debido a A, B y C."* Esto se alinea perfectamente con lo que discutimos anteriormente, ya que un buen discurso suele tener alrededor de tres puntos principales. No es necesario que declares tu tesis explícitamente mientras estás en el escenario, pero tener una en mente, mantiene tus ideas y el plan para el discurso bien organizados.

Recuerda, evita optar por un tema sobre el cual no estés familiarizado. Incluso si haces la investigación, la falta de experiencia personal es algo que la audiencia podrá notar. Por lo tanto, intenta escoger un buen tema que conozcas bien.

También deberías asegurarte de encontrar el tema al menos un poco interesante. Si bien es de suma importancia que a la audiencia le guste el tema, puede ser una experiencia difícil presentar sobre un asunto en el que no tienes ningún interés. Confía en mí, ¡solo puedes fingir entusiasmo hasta cierto punto! Así que, asegúrate de que lo que vas a exponer te importe al menos un poco.

PASO #3: RECOLECTA EL CONTENIDO DE TU DISCURSO (INVESTIGACIÓN)

El siguiente paso implica recolectar el contenido de tu discurso. Esto se refiere principalmente al cuerpo de tu discurso: los tres o más componentes principales que debes expandir entre la introducción y la conclusión. Generalmente, querrás que tu discurso siga un esquema como este:

- **Introducción**

- **Punto principal 1**

o Evidencia 1, 2, 3

o Abordar posibles contraargumentos

- **Punto principal 2**

o Evidencia 1, 2, 3

○ Abordar posibles contraargumentos

- **Punto principal 3**

○ Evidencia 1, 2, 3

○ Abordar posibles contraargumentos

- **Conclusión**

El esquema de tu discurso puede ser tan largo o breve como prefieras, pero no debería contener todo lo que planeas decir. Recomiendo siempre escribir tu discurso en viñetas y evitar oraciones completas. Limítate a seis o siete palabras por viñeta o dos oraciones por punto principal para controlar la extensión del esquema.

Este es también el momento en el proceso de planificación, en el cual deberías encontrar espacio para la participación de la audiencia, si planeas incluir alguna. No querrás sobrecargarlos con transiciones y momentos de interacción, así que planea con prudencia y determina en qué tiempo se producirá cada instancia de participación.

PASO #4: ORGANIZA TU DISCURSO

Bien, podrías preguntarte en qué se diferencia esto del Paso 3. Mientras que el paso 3 se centró en recopilar el contenido, similar a volcar las piezas de un rompecabezas sobre la mesa antes de armarlo, este paso implica ¡ponerlo todo junto! Organizar tu discurso es lo que realmente le da ese toque extra, permitiéndote estar perfectamente preparado en cada paso.

Durante tu período de organización, es una buena idea elegir algunas transiciones que puedas usar en tu discurso. No tienes que memorizarlas palabra por palabra, pero puedes establecer si deseas usar un chiste, anécdota, apoyo visual u otra cosa para guiar el discurso hacia el siguiente punto.

Esto te ahorra tiempo y reduce el estrés más adelante, para que no tengas que preocuparte por las transiciones en el último momento.

Puedes utilizar algunas técnicas de organización para estructurar mejor, no solo el flujo general del discurso, sino también la estructura de cada punto. Considera, por ejemplo, las siguientes:

- **Causa y efecto.** Puedes estructurarlo lógicamente, explicando cómo una causa conduce a un efecto relevante para el punto del discurso.

- **Problema y solución.** Otro formato para los puntos de tu discurso, es presentar un problema y luego proporcionar su solución.

- **Tiempo.** Si encuentras que puedes planear tu discurso lógicamente en orden temporal, esa puede ser otra excelente opción para organizarlo.

- **Pros y contras.** Asegúrate de incluir pros y contras, lo cual puede convertirse en toda la estructura de tu discurso, si tiene sentido hacerlo.

- **Pasos.** En pocas palabras, también puedes usar un formato paso a paso para organizar tu discurso.

Además de eso, asegúrate de tener subpuntos para cada uno de tus puntos principales. Puedes hablar todo el día sobre los puntos principales del discurso, pero sin subpuntos para realmente desarrollar el contenido, tu audiencia se aburrirá rápidamente.

PASO #5: DELINEA LA INTRODUCCIÓN

No, los pasos no están en el orden incorrecto: realmente deberías delinear la introducción *después* de delinear el cuerpo de tu discurso. Trabajar en la introducción más tarde te da la ventaja de haber planificado el cuerpo de tu discurso, lo que te ayuda a afinar perfectamente los contenidos.

Al igual que el cuerpo de un discurso, existe un esquema que puedes (y deberías intentar) seguir para la introducción. Este es el siguiente:

- **Un captador de atención.** Esto debe ser lo primero que digas, algo tan convincente que la audiencia no pueda evitar escuchar.

- **Un gancho.** Aquí es donde te presentas e introduces el tema de manera fluida y atractiva. Podrías usar una cita poderosa; las citas son como gotas concentradas de sabiduría, capaces de expresar verdades profundas, evocar emociones y provocar reflexión. Alternativamente, podrías comenzar con una pregunta provocativa; las preguntas estimulan la curiosidad, involucran la mente y hacen que el público piense y se pregunte. O bien, comienza con una estadística impactante; cuando se usan efectivamente, las estadísticas pueden abrir los ojos, proporcionando información concreta y cuantificable que sorprende o intriga a la audiencia.

- **Tu propósito.** Ya sea sutil o explícitamente, deberías hacer una declaración que exponga el punto central del discurso. ¿Cuál es el propósito de que estés aquí hoy?

- **Puntos principales.** Asegúrate de proporcionar un breve esquema de tus puntos principales.

- **Transición.** Luego, debes hacer la transición al corazón de tu discurso.

Puede parecer mucho, pero esto sucede rápidamente cuando estás en el escenario comenzando tu exposición. Puedes ser tan creativo como desees, pero la idea es que estos son, sin duda, los puntos esenciales de cualquier introducción cautivadora y funcional.

PASO #6: PLANIFICA TUS AYUDAS VISUALES

El siguiente paso es planificar tus ayudas visuales. Este es uno de los últimos pasos en el proceso porque, en última instancia, tus ayudas visuales respaldan el resto de tu discurso. Una vez que tengas todo planeado hasta el final, podrás decidir con más precisión qué ayudas visuales utilizar y en qué parte del discurso deben emplearse.

Consulta el elemento interactivo al final del capítulo #4 para construir un visual atractivo.

PASO #7: PLANIFICA LA REDACCIÓN, EL TONO Y EL LENGUAJE CORPORAL

El siguiente paso es planificar la redacción, el tono y el lenguaje corporal de tu discurso. Naturalmente, este paso llega casi al final del proceso porque tienes que construir tu tono y lenguaje corporal alrededor del contenido de tu discurso. No querrás planificar cada pequeño gesto, por supuesto, pero tomarte el tiempo para planificar los puntos clave de tu lenguaje ciertamente será útil. Con tu estilo elegido, es momento de comenzar a incorporar los diferentes elementos de la PNL. ¿Cuáles se ajustan al tipo de discurso que estás dando? ¿Cuáles te ayudarán a conectar e interactuar con la audiencia?

PASO #8: LA CONCLUSIÓN

Ahora es el momento de planificar la conclusión de tu discurso para lograr un final memorable e impactante que lo conecte todo de manera concisa. Una gran conclusión sigue cuatro pasos clave:

1. **Un resumen.** Para mantener tus puntos frescos en la mente de la audiencia, tu conclusión debe contener un breve resumen de cada uno de los puntos clave de tu discurso. El cerebro humano está programado para recordar las primeras y últimas cosas que experimenta; los psicólogos llaman a esto el "efecto de posición serial". A medida que tu discurso llega a su fin, es probable que la audiencia recuerde tus palabras finales. Por lo tanto, es crucial resumir tus puntos clave.

2. **Una tesis.** También debes hacer el esfuerzo de reiterar la tesis o idea central de tu discurso. Cuando los miembros de tu audiencia se vayan y alguien les pregunte sobre lo que escucharon, tendrán tu tesis memorable lista para recitar.

3. **Beneficios.** Menciona nuevamente cómo lo que has expuesto beneficia a la audiencia, incentivando aún más la retención de lo que has compartido.

4. **Un cierre o llamado a la acción.** Termina con fuerza: un llamado a la acción es una herramienta poderosa para la conclusión. Es una invitación a tu audiencia para que tome una acción específica basada en tu discurso. Puede ser adoptar una nueva perspectiva, hacer un cambio en sus vidas o incluso reflexionar sobre una idea. El llamado a la acción cumple dos propósitos: primero, da a tu audiencia una forma tangible de responder a tu discurso, y segundo, extiende el impacto de tu mensaje más allá del evento.

Tu conclusión no puede ser una idea de último momento o algo que prepares rápidamente al final. Es lo último que escuchará tu audiencia de ti. Debe ser poderosa y dejar una impresión si tu objetivo es dar un discurso que todos recuerden.

PASO #9: ¡ENSAYA, ENSAYA, ENSAYA!

El último paso crucial para dar un gran discurso, mencionado repetidamente en este libro, es ensayar el discurso *incansablemente.* Y luego, justo cuando creas que ya lo has ensayado lo suficiente, ensáyalo *una vez más.* En efecto, un buen discurso se construye sobre la base de un ensayo dedicado, por lo que este es el último y quizás el paso más importante del proceso. Aprovecha las actividades y los consejos a lo largo del libro para sacar el máximo provecho de tu tiempo de ensayo.

Finalmente, ten en cuenta que no hay nada de malo en tener algunas tarjetas de notas a la mano para mantenerte en el camino. Aunque deberías evitar mantener la cabeza enterrada en las tarjetas durante todo el discurso, contar con tarjetas de referencia te proporciona algo con lo cual anclarte, de modo que no te desvíes demasiado mientras improvisas en el escenario.

Conclusión

Colin Powell dijo: "No hay secretos para el éxito. Es el resultado de la preparación, el trabajo arduo y el aprendizaje de los fracasos." La preparación y el esfuerzo siempre dan frutos en la oratoria. Trabaja en estos nueve pasos. No te apresures. Trabaja y revisa cada uno de los conceptos presentados en este libro. Como dijo el General Powell, ¡tu éxito será el resultado de tu preparación y esfuerzo!

COMPARTE EL MENSAJE

Mi sueño es que cierres este libro y empieces a planear inmediatamente todos los elementos de tu próximo discurso en público. Me inspira imaginarte organizando tu charla, trabajando en el estilo y la entrega, y elaborando una historia que mantendrá a tu audiencia curiosa, comprometida y abierta a tu mensaje.

Espero que puedas compartir tu propio entusiasmo con otros lectores, haciéndoles saber que este libro puede ayudarles a convertirse en el tipo de comunicadores que las audiencias esperan con ansias escuchar.

¡Brindemos por muchas aventuras en el mundo de la oratoria y por la difusión de información vital que puede mejorar tantas vidas!

Nota: Si el código QR no funciona, por favor visita el marketplace de Amazon donde compraste el libro, por ejemplo: Amazon España. Desplázate hasta el final de la página del producto del libro y haz clic en 'Escribe una opinión de cliente' para dejar tu opinión manualmente. Gracias por ser parte de una comunidad que valora el poder de la conexión.

¡Escanea el código QR para dejar una reseña rápida!

CONCLUSIÓN

Reflexionar sobre las lecciones clave y las estrategias que hemos explorado, es importante a medida que llegamos al final de nuestro viaje compartido. Nos hemos adentrado en los matices de hablar en público, desde superar el miedo y abrazar la autoconfianza, hasta perfeccionar tu entrega y conectar con tu audiencia. Cada capítulo te ha armado con tácticas prácticas para convertirte en un orador seguro y efectivo.

Recuerda, el camino para dominar el arte de hablar en público no termina aquí. Dominarlo requiere mejora continua y práctica. Es un viaje que evoluciona con cada discurso que das y con cada audiencia que conectas.

Las herramientas y estrategias en este libro son escalones en tu camino hacia convertirte en un orador persuasivo. A lo largo de esta guía, abordamos los siguientes temas:

- Cómo hablar en público deja impresiones—los fundamentos de hablar en público y por qué desempeña un papel tan fundamental en nuestra sociedad.

- Cómo aplastar la ansiedad social—métodos tangibles para combatir la barrera de la ansiedad social que impide a tantos dar discursos impactantes.

- Dominar la autoconfianza—todo lo que necesitas para liberar una autoconfianza radiante y superar la duda y la vacilación en cualquier etapa.

- Los pormenores de la organización—cómo preparar el discurso de tus sueños con elegancia y facilidad, concluyendo en una guía paso a paso.

- Tu estilo personal—dejar tu marca en la audiencia al encarnar tus métodos de oratoria.

- Lo esencial de la memoria—qué necesitas hacer para que tu audiencia recuerde lo que dijiste y los puntos clave de tu discurso.

- Entregar tu discurso como un profesional—¡gracias al poder del canon final de la retórica de Aristóteles!

Pero ahora, el futuro está en tus manos. Te deseo lo mejor en tu camino hacia el éxito. Estoy seguro de que tienes todo lo necesario para triunfar. Solo usa estas herramientas y sigue practicando en tu proyecto de hablar en público, y pronto habrás dominado estas poderosas estrategias y estarás...

...¡dominando el escenario, hablando con confianza y dando el discurso QUE TODOS recordarán!

REFERENCIAS

E ste libro y sus recursos fueron traducidos al español con ayuda de SpanishPublishingServices.com

Bernard, M. (2023, July 25). *Speaking clearly for presentations*. Students. https:// students.unimelb.edu.au/academic-skills/resources/speaking-an d-present ing/speaking-clearly-for-presentations#:

Blanda, S. (2013, April 23). *The introversion bubble*. I. M. H. O. https://medium. com/i-m-h-o/the-introversion-bubble-7d9a96581949#:

Calm Public Speaking Nerves: Let's talk about self-talk. (n.d.). Buckley School of Public Speaking. Retrieved October 11, 2023, from https:// www.buck leyschool.com/magazine/articles/calm-public-speaking-nerve s-lets-talk- about-self-talk/#:

College, A., & News, R. L. (n.d.). Preparing great speeches: A 10-step approach | Sullivan | College & Research Libraries News. *Crln.acrl.org*. Retrieved October 12, 2023, from https://crln.acrl.org/index.php/crlne ws/article/ view/19102/22119#:

8 strategies to engage your audience & keep them interested. (n.d.). W ww.knowledgehut.com. https://www.knowledgehut.com/blog/learnin g/ 8-strategies-to-engage-your-audience-keep-them-interested

Engaging and energizing audiences through purposeful play: An Inter-active Exercises Model And Method. (n.d.). MentalHelp.net. Retrieved

October 21, 2023, from https://www.mentalhelp.net/blogs/engaging-a nd-energizing-audiences- through-purposeful-play-an-interactive-exercis- es-model-and-method/#:%20Empathic%20Icebreaker

5 (NLP) Neurolinguistic programming techniques. (n.d.). Retrieved October 21, 2023, from https://www.tonyrobbins.com/leadership-impact/nl p-tech n

Guarino, Joseph. "Top 20 Public Speaking Quotes." Institute of Public Speaking. Accessed November 16, 2023. https://www.instituteofpublic speaking.com/ top-20-public-speaking-quotes/

How thoughts drive fear. (n.d.). Explorable.com. Retrieved September 26, 2023, from https://explorable.com/e/how-thoughts-drive-fear#:

How to speak with confidence in public. (n.d.). Virtualspeech.com. Retrieved October 12, 2023, from https://virtualspeech.com/blog/speak-with-confi dence-in-public#:
Mind Tools | Home. (n.d.). Www.mindtools.com. Retrieved October 18, 2023, from https://www.mindtools.com/agssrjn/the-five-canons-of-rhe toric#:

Nieuwhof, C. (2019, November 20). *The 4 different communication styles and how each can improve.* CareyNieuwhof.com. https://careynieu whof.com/the-4- different-communication-styles-and-how-each-can-im- prove/#:

The psychology of fear. (n.d.). Verywell Mind. Retrieved September 26, 2023, from https://www.verywellmind.com/the-psychology-of-fear-267 1696#: *Public speaking: Know your audience.* (n.d.). Www.asme.org. Re- trieved October 17,

2023, from https://www.asme.org/topics-resources/content/public-spe ak ing-know-your-audience#:

Rice, A. (2021, September 13). *Challenging negative thoughts: Helpful tips.* Psych Central. https://psychcentral.com/lib/challenging-negative-self-ta lk#how-to-stop

Speech topics: Guide to choosing a successful topic. (n.d.). Virtualspeech.com. Retrieved October 18, 2023, from https://virtualspeech.com/blog/guide-choosing-successful-speech-topic#:

10.4: Organizing Your Speech | Introduction to public communication. (n .d.). Retrieved October 18, 2023, from http://kell.indstate.edu/public-c omm- intro/chapter/10-4-organizing-your-speech/#:

31 fear of public speaking statistics (Prevalence). (n.d.). Www.crossriverth erapy.com. Retrieved September 26, 2023, from https://www.crossriver therapy.com/ public-speaking-statistics#:

Tips & guides - Engaging your audience. (n.d.). Hamilton College. Retrieved October 20, 2023, from https://www.hamilton.edu/a cademics/centers/oral communication/guides/how-to-engage-your-audi ence-and-keep-them- with-you#:

What is natural language processing (NLP) & how does it work? (n.d.). Levity.ai. Retrieved October 21, 2023, from https://levity.ai/blog/how -natural- language-processing-works#:

www.ingramcontent.com/pod-product-compliance
Lightning Source LLC
Chambersburg PA
CBHW071156120626
46546CB00006B/2297